心智圖法的生活應用

用一張圖全方位掌握高效率的創意人生

華人心智圖法大師
孫易新

著

〔推薦序〕

多學，多用，多受益

陳明耀

新北市多元學習發展協會理事長

　　會跟孫易新老師結緣，應該是先從認識他的書開始。

　　話說十多年前的某一天，我在師大書店閒逛著，隨口問了店員：「我想自己進修，請問最近有出什麼比較適合的暢銷書嗎？」店員思索了一下之後，推薦了兩本說是最近出版，而且賣得很暢銷的書，也就是當時孫易新老師剛出版上市的《心智圖法基礎篇：多元知識管理系統 1》與《心智圖法進階篇：多元知識管理系統 2》。

　　不過坦白說，當時我還真從沒見過這種內容的書呢！這兩本書裡畫了很多手繪線條和圖像，還有一些簡單的敘述文字，這對平常習慣看密密麻麻條例式文字的人來說，還真有點不太適應。我當時還有點愚蠢的問店員：「這是給大人看的，還是給小孩看的？」（我還以為是小孩看的繪本故事書呢！）店員說：「大人小孩都可以看，這是一種教我們新的思考和學習知識的方法……」

　　也許是為了掩飾自己的孤陋寡聞吧，我假裝似懂非懂的買了基礎篇那本，就趕緊逃離書局。回家後，雖然曾試圖了解這本書在寫什麼，但畢竟自己摸索效果有限，最終仍然被我束之高閣，不了了之。（所以說，學習的關鍵要找對人問、找對方法學！）

　　直到隔年，我有幸考上了實踐大學企業創新發展研究所，開學第一天發現班上同學交頭接耳，竊竊私語，打聽之下，才知道原來心智圖法大師孫易新也是我們班上的同學。

很驚訝易新兄居然在百忙之餘還到研究所進修，當時我們研究所課程有在研習心智圖法，而華人第一位到英國博贊中心接受講師培訓，並將心智圖法引進臺灣，成立專門的培訓教育機構，而且自己都已經出書，不論專業性與知名度都頗富盛名的這位仁兄，現在卻坐在下面和我們一起當學生，這種虛懷若谷、用空杯心態學習的精神，實在是令人佩服。

　　況且易新兄在創意思考領域已算是我們的先進，在課堂上嚴謹研究的態度卻不輸年輕學子，就像他十多年來用心經營「孫易新心智圖法教育機構」，一本初衷的幫助了成千上萬的學員，無論在工作上、學業上，運用心智圖工具分析、解決問題，提升學習的效率。而我也因為有幸和易新兄在念研究所時，同為陳龍安教授團隊的一員，從旁跟著他學習完整正確的心智圖法，真是受益良多。

　　這些年來，易新兄寫了非常多有關運用心智圖法準備公職考試、業務企劃、加強記憶、快速閱讀、背誦單字、工作筆記、文學寫作等相關書籍，已經不知道嘉惠多少粉絲讀者了。本次聽聞易新兄要將十多年的教學和實務經驗集結出版《心智圖法的生活應用》一書，相信一定會讓更多的學習者受惠，衷心期盼這本新書上市後，能幫助更多人在心智圖法的學習和運用上，如虎添翼，突飛猛進。

一張圖讓生活變繽紛

凌雅甄

華風文化事業（限）副總經理

給孩子魚吃，不如教他如何釣魚～源自《老子》授人以魚，不如授之以漁。

認識孫老師近二十年了，卻遲遲沒有機會跟老師完整學習心智圖法（Mind Mapping），直到多年前接掌外商公司教育訓練部門，因緣際會下再次遇到孫老師，透過一場特別為同仁安排的初級課程，才發現心智圖法的優點，於是立即撥出時間，自費報名完整的【心智圖法職場優勢管理師】認證班，深感獲益匪淺。

因為心智圖法是一個非常好用的方法與工具，不僅可以解決工作上繁瑣的問題，如專案管理與策略、問題分析與解決、會議記錄與執行，或是一般日常生活中的各項事務，包含時間管理、個人生涯規畫，甚至小到如旅遊計畫與清單等等，都可以運用心智圖法完成。近幾年在職場領導或學校授課時，也常常和同仁與學生分享，若大家能夠早點學習心智圖法，人生可能會有不一樣的光景。

正因如此，去年我特別為女兒報名了【兒童超高效學習精修班】，女兒在經過為期一週的課程學習後，學到心智圖法的各式技巧，包含邏輯分類、創意思考、超強記憶力與心智圖筆記等等，課堂上不僅運用到益智遊戲增進思考與邏輯能力，也在課程中與來自國內外的同學互動，增進了人際關係的學習與交流，這正是現今社

會上最需要的適應力與人際力，也是參與課程帶來的另一種收穫。

　　學程結束後，女兒在課業上利用所學，不僅學業穩定獲得前三名的成績，作文分數也屢獲高分。此外，在校內參加演講比賽獲得第三名，之後代表學校參與區域比賽也榮獲第一名殊榮，進而晉升代表區域學校參與縣市級比賽，這些全都是當時所始料未及的。

　　目前女兒已升上國一，仍持續運用心智圖法學習，雖未參與任何課後補習，學校成績始終名列第一，還成為各科小老師。不僅如此，心智圖法在日常生活也頗有助益，女兒運用時間管理，在課業繁重之餘，還有時間培養勞作、小提琴等興趣；每年的出國旅遊，也總是由女兒召開家庭會議，帶領全家列出國清單與注意事項，使得旅遊均得以盡興，這都歸功於心智圖法訓練的養成。現在回想起來，很高興當時有為女兒報名上課，更感謝孫老師的無私教導！

　　現今科技日益進步，環境急速變遷，不僅是大人得面對職場上激烈的競爭，就連孩子也得提早接受來自大環境的各項考驗，如何幫助孩子們提早適應高壓與多變的環境，心智圖法課程是一個值得投資的選擇，它能夠幫助孩子發揮邏輯與創意思考的天賦，解決複雜的問題與提供創新的方法，讓我們的孩子能夠適應這個多變的環境。及早讓孩子接觸心智圖法，能夠提早建立孩子的學習自信，進而建立健全的人格發展，這是兩年來看到女兒快樂學習的感觸。

　　最後，再次感謝孫老師將心智圖法帶到臺灣，近二十年來造福許多學生與職場人士，「華人心智圖法大師第一人」實在非孫易新博士莫屬！

終身學習的好方法

張德永
臺灣師範大學社會教育學系主任

　　身處快速變遷的年代，為了解決生活中所面臨的問題，我們得持續的學習。學習的方式可以很多元，除了正規學校的學習之外，還可以從民間培訓機構、社區大學所開辦的課程，選擇自己有興趣或工作上所需的來進修，甚至生活中的旅遊參訪、書報閱讀等，都是終身學習的有效形式。但是，不論哪一種學習方式，我們都要有「學習方法」來提升學習的效果，心智圖法就是有效的方法之一。

　　本書作者孫易新老師在就讀臺灣師範大學社會教育學系博士班期間，擔任我所主持的一項科技部研究計畫助理，每回我召集研究生討論研究計畫的進度與文獻彙整時，他總是立即以心智圖構思並整理大家的意見，讓大家從一張心智圖上面，清楚梳理出整個研究的脈絡，這個過程也讓我親自體驗到心智圖法在學習上的幫助。後來孫易新老師的博士論文也是研究心智圖法在職場學習的應用，這充分說明了他不僅是一位心智圖法專業的研究者，同時也是一位實踐者。

　　今天，他將學生們的實際應用案例匯集出版成書，書中的案例有學校的學習、日常生活與工作職場的應用等，可說是涵蓋了終身學習所有的領域。同時，孫易新老師在書中並逐一點評每張心智圖的優缺點，對於讀者而言，可說是一本心智圖法學習者非常實用的使用指南。身為他博士班的老師，我非常樂意為大家推薦這本不容錯過的好書。

〔推薦序〕

理性與感性兼具的壓箱寶

麥桓瑄

威煦軟體共同創辦人

　　我在青少年時期，接觸了孫易新老師的心智圖法，透過嚴謹的訓練課程，融入左右腦的心智技能，習得兼具邏輯、創意、理性及感性的全腦思考模式，這也是我在創立威煦軟體（Wishing-Soft）後能夠成功落實敏捷開發的關鍵因素。

　　產品開發效率是軟體公司的核心關鍵，而我們所服務的產業又是處於不斷變動、具有繁瑣且複雜技術的 ESH 環安衛領域（E 環境、S 安全、H 衛生）。尤其在工廠端，所有環安衛控管項目都是以 PDCA 循環緊密相扣，若僅關注單點的管理，將容易陷於見樹不見林的高風險狀態。透過心智圖法快速釐清複雜的架構，完整理解環安衛技術與客戶實務面的關聯性，威煦所發展出的軟體工具，至今已成功協助許多企業有效地解決環安衛管理問題。

　　習得心智圖法已屆十七個年頭，它所帶給我的，不只是畫出精美的心智圖，更是一種全面性的思考模式，進而帶到生活中，能夠快速切中要點，擁有源源不絕的創意點子，甚至是跳躍性的觀點。

　　期許剛踏入心智圖法大門的新朋友或前輩們，也能夠持續運用這個有效解決問題的工具，讓這個世界更美好！

學習心智圖法，享受優雅人生

蘇東升

河南省濮陽市第一中校長

2014 年，我校洪立新書記去濟南參加教研活動，第一次接觸心智圖法（思維導圖法），認為心智圖法是一種非常好的教學工具，在她的帶領下，我校部分老師開始自學心智圖法，有的老師逐漸將它應用在教學上，效果還不錯。但總體上，實際應用水準不高、參與面不大，並且水準參差不齊。

2016 年 10 月，我校邀請已取得心智圖法管理師資格的王鳳軍老師，為我校老師上了「心智圖法在教學上的應用」普及課，起到一定的促進作用，但是，老師們在使用心智圖法教學的實踐中，還有很多模糊認識和困惑，這直接影響心智圖法教學的整體效果。

2017 年 9 月，被譽為心智圖法全球華人第一人的孫易新教授應其嫡傳弟子王鳳軍（雙證授權講師）老師的邀請，親自來濮陽授課。23 日至 24 日，孫老師為我校教師及城區各中學教師代表共計 300 人開辦了「心智圖法在教育上的應用」實戰班，採用講練結合的方法將心智圖法的精髓與教學應用技巧為老師們做了精彩傳授，王鳳軍（濮陽）、段衛綱（深圳）兩位助教講師進行具體輔導。老師們反應熱烈，紛紛表示非常震撼，收穫頗豐，達到了非常圓滿的培訓效果。

通過本次實戰式的培訓，老師們的理論水準與實踐能力得到應有的提升，為心智圖法在我校教學中的推廣應用，起到了極大的促進作用。

心智圖法有關鍵字、樹狀結構與網狀脈絡、色彩、插圖等元素，能很好地將心智程式和有關資訊呈現出來，並且符合大腦吸收資訊的規律，有利於理解和記憶，這是非常突出的特點，也是心智圖法之所以能化繁為簡、把握整體、吸引眼球、引發興趣、突出重點、層次分明、有利記憶的道理所在。

對於學校而言，大到年度的教學計畫，小到每一節課的教學設計或每道題目的解題構思，都能發揮心智圖法的獨特作用。新形勢下，深化課程改革，站在學科的高度整合教材，特別是通過複習課培養學生的歸納概括能力等等，實事求是地講，這些理念、目標、願望的實現，必須有一整套落地的、行之有效的具體方法，有一個有效的載體。到目前為止，還沒發現有比心智圖法更好的承載工具。心智圖法的先進性和有效性是有認知心理學依據的，並且是被大量案例證實有效的思維方法，是能夠複製的。可以毫不誇張地說，它一定是今後教學創新改革的不二方法與工具，是學生高效學習的利器。我校全面推行心智圖法進行教學創新，意義重大，必將在教育教學改革發展史上留下濃筆重彩的一筆。

其實，心智圖法的應用領域非常廣泛，不是只在教育教學領域有獨特功效，在職場領域、在日常生活中，同樣可以展現它的魅力與魔力。我覺得，凡是與思考有關的，輸入（聽、看）、輸出（說、寫、做）資訊的行為，都可以使用心智圖法，而使用心智圖法的過程，就是「繪聽」、「繪說」、「繪思考」的過程。

心智圖法不但激發人的潛能，開發人的智慧，優化思維模式，提升思維品質與工作業績，而且還能讓您享受優雅的人生。我相信，孫老師這本帶著生活氣息的心智圖法案例，不但能讓您欣賞心智圖法的魅力，對於理解心智圖法的規則與技巧，也有很好的示範作用。

生活中的實踐，
才是最有效的學習

孫易新

　　心智圖法可以幫助學生用來準備讀書考試，在職場上用於工作計畫與問題分析等。然而……

　　我是一個家庭主婦，心智圖法可以用在與家人、孩子的溝通或家事上面嗎？

　　我是一個美食愛好者，心智圖法可以幫助我享受人生嗎？

　　例行性的工作讓我感到倦怠，心智圖法可以讓我的生活變得多采多姿嗎？

　　心智圖法可以讓傳統民俗活動更有創意嗎？

　　心智圖法可以幫助我改善人際關係嗎？

　　運動健身也可以使用心智圖法嗎？

　　相信每一位心智圖法愛好者都很希望在生活中各個領域都能活用到心智圖法，但卻往往不知如何著手，就算畫出了一張心智圖，也不確定自己做的對不對。

　　看到別人在書上或透過網路分享的心智圖，大多也只是說心智圖有多好、對他的幫助有多大，但看不到描述說明其思考與繪製心智圖的過程，讓人只能心中羨慕，而無從學習操作的技巧。

　　為了讓讀者輕鬆掌握心智圖法在生活中各種場合的應用，並能

夠開始著手模仿、逐漸有所突破，最後達到將心智圖法內化成自己能力的理想境界，於是，有了這本書的出版企畫。

本書總共分成四個部分：

首先針對學習心智圖法常見的誤區與困惑為大家做個解說，釐清盲點，除了有助於後面篇章的閱讀、理解，也能建立學習心智圖法的興趣與信心。

接著分別從「個人成長」、「家庭生活」與「職場工作」等三大領域，收錄我的學生在日常生活中的實際案例，並由學生自己為大家說明為何畫與如何畫這張心智圖，以及這張心智圖帶給他們的效益。

同時，我會針對每張心智圖應用案例進行點評解析，讓大家知道它的優點在哪裡，以便模仿；有什麼缺點，以後要小心注意，避免犯同樣的錯誤；怎麼修改會更好，或進一步舉些類似的應用案例幫助大家學習成長。

今天，我的學生們不吝將自己的案例與各位讀者分享，在此除了表達深深的謝意之外，相信透過分享的過程，他們也檢視了自己的學習成效，並提升了心智圖法的技巧。因此，我也非常歡迎大家加入心智圖法的學習社群，與更多 MindMapper 分享自己的學習與應用心得。相關學習的信息與社群連結點，在我們的官網（www.MindMapping.com.tw）有詳細說明。

再次溫馨提醒，閱讀本書的同時，請根據書中案例主題或每篇最後的延伸應用建議，試著套入自己的情境，動手將心智圖法應用到日常生活。因為，唯有在生活中的實踐，才是最有效的學習！

目錄　Contents

Part 1　初學心智圖法 20 問 — 常見的困惑與誤區　　17

▌觀念認知篇▌

目錄　Contents

Part 3 **家庭生活** — 心智圖法的生活應用之二　　**103**

Part 4 **職場工作** ⸺ 心智圖法的生活應用之三　　**167**

你，是否有這些困擾呢？

❖ 聽說心智圖法對各方面學習有很大的幫助，還可以做很多的應用，可是我卻不知道從哪裡下手？

❖ 我大概曉得心智圖法是將一些資訊作出分類，但同樣內容好像可以歸納出不同的類型，相同主題也可以衍生出不同的類別，我該如何選擇比較好呢？

❖ 在一張心智圖當中，只要列出主要思考的方向與重點關鍵字就可以了，還是要把很細節的內容也放進去？

……

剛接觸心智圖法的朋友，學習時多少都會出現一些困惑，偶爾會卡住，不知道如何疏通才好。如果這些疑問也發生在你身上，千萬別太擔心，在這本書當中，我將以生活中（含括個人成長、家庭生活、職場工作）諸多案例為大家解惑，同時也提供給初學者做為模仿練習的應用範本！

準備好了嗎？
首先，就從解惑與釐清開始。。。

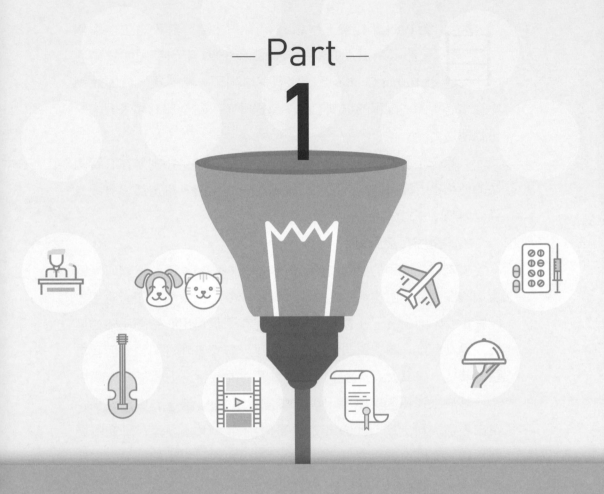

初學心智圖法 20問

常見的困惑與誤區

自從 1989 年接觸、學習心智圖法之後，對我的工作與學習都產生很大的幫助，進而在 1997 年到英國博贊中心（Buzan Centres）參加師資培訓班。結業後，於海峽兩岸從事心智圖法課程的培訓工作，為提升華人在全球的競爭力盡一份棉薄之力。

大家一定會很好奇，這一路走來都很順利嗎？特別是在心智圖法的使用上，沒有碰到困惑、盲點嗎？在應用時，難道都沒有感覺到受限嗎？

答案是：「當然有。」

曾經我在使用的過程中遇到許多困惑，例如：不知道如何選擇合適的關鍵字；明明清楚顏色、圖像很重要，卻不懂要如何應用才能真正有幫助……。在教學過程也碰到有學員提出心智圖法要如何用在論文寫作、跨主題的資料蒐集整理、專案管理等問題；而我自己也懷疑，指導大人跟教小朋友心智圖法的教材、方式都一樣嗎？

基於上述原因與困惑，我後來分別在 2004 年進入實踐大學企業創新發展研究所、2009 年進入臺灣師範大學社會教育研究所繼續進修。本書出版的主要目的在於，讓大家可以從案例的分享與解析中學習，透過仿作輕鬆靈活地應用在生活當中。因此，在本書的第一部分先為大家說明初學者常見的困惑與心智圖法的誤區。

※ 掃描 QR Code 點選圖號
點小圖看大圖，閱讀學習更輕鬆

Q1 觀念認知

有雜誌報導心智圖法被全球超過二千家以上跨國企業採用，它真的有那麼神奇嗎？

A 其實心智圖法一點也不神奇，神奇的是我們的大腦。心智圖法只是一種讓大腦能依照最自然的方式去思考事情、記憶事物的方法。

我們的左腦比較擅長處理文字、數字、邏輯、分析等；右腦則喜好圖像、色彩、想像力等。根據科學研究顯示，人類的大腦在處理任何一件事情的時候，不會只使用右腦或左腦，而是左右腦一起巧妙協調工作。

過去我們傳統上以條列方式書寫文字和數字，偏向只用到左腦的功能，這並不符合大腦運作的天性。心智圖法的主要工具——**心智圖，用到了文字、數字、邏輯、分析，以及圖像、色彩、想像力、空間等元素，充分運用到左右腦的心智能力，讓思緒更敏銳、頭腦更靈光，不僅對提升邏輯分析、創意思考、人際溝通有幫助，也能強化記憶力。**因此，許多跨國企業為提升組織績效與員工的能力，才紛紛將心智圖法課程列入員工教育訓練計畫。

Q2 觀念認知

已經有號稱大腦瑞士刀的心智圖了，我還需要其他的工具、方法嗎？

A 當然需要。心智圖只是心智圖法提升思考力與學習力的主要工具，我們得視情況搭配其他的工具，甚至結合不同的方法，才能徹底發揮效用，讓效果更為彰顯。

在認知型態上，雖然大部分的人偏向視覺圖像，但也有些人是偏向文字形式的。同時，在特定場合或依據工作的性質，大家會偏向使用比較熟悉的某種工具，例如在問題分析與解決時，習慣採用魚骨圖；分析解釋某個知識架構時，習慣採用概念圖；呈現某個結構化的概念時，習慣採用樹狀圖。我們只要能掌握心智圖法的操作原則，可以使用其他的圖解工具，以符合特定的情境或大眾的閱讀習慣。

此外，終究心智圖只是個工具，在應用上得依據目的性採用適當的策略，例如讀一本書，我們得先確定閱讀策略，再以心智圖整理書本的知識；構思一個大型或複雜的活動，得確定專案流程與涵蓋的知識領域，然後以心智圖記錄專案計畫書等。這種如何提升吸收知識、思考事物、解決問題的方法，才是我們該關心的重點，也是我一直強調的心智圖「法」。

我很喜歡畫心智圖，但往往要花很多時間才畫出一張圖，這樣是對的嗎？

A 我不認為這世界上的事情都可以很簡略的以對錯區分，而是要看這件事情是處於什麼樣的情境脈絡之下，才能說它適不適當。

例如有人花了好幾個小時畫一張禪繞畫，你認為他浪費時間，但他覺得壓力得到了紓解、心靈獲得療癒。所以如果花很多時間去畫一張心智圖，自己並不在乎時間成本，也不講究所謂的效率，從畫心智圖的過程得到自己想要的，那又何妨。

但話說回來，今天我們學習心智圖法、使用心智圖的主要目的是什麼？依我的經驗觀察，大多數人是為了提升讀書學習的成效、工作管理的效率等，**花多少時間並不是重點，重點在於這張心智圖是否達到預期的效益。**

舉例來說，過去我在讀博士班期間，為了每週上課時的作業報告，平均都得花二至五小時整理一篇論文或一本書的內容重點。或許採用傳統條列式的筆記，大概也是差不多的時間，但我卻可以更系統化、結構性的梳理出一本書的知識脈絡，在課堂上做報告時，能輕鬆說明書中重點；和老師、同學進行討論時，在跳躍式的思考中能不偏離主題。

從小我就習慣閱讀條列式的文章，許多人沒用心智圖，還不是一樣很有成就？

A 是的，不少傑出人士確實沒有使用心智圖，終究今天我們所理解的心智圖是英國博贊先生（Tony Buzan）在 1974 年所提出的，在那之前，世界各地已經出現無數個天才與成就非凡的人士。但我們研究發現，雖然他們沒有使用博贊的心智圖，卻也不會只用條列式的文字來思考事情，而是會運用圖像、圖表、色彩等充滿想像力的元素加以輔助。

因此，我在 2014 年 2 月出版的《心智圖法理論與應用》一書中，將心智圖法區分為「廣義」與「狹義」兩種。廣義的心智圖法泛指使用關鍵字、樹狀結構與網狀脈絡的組織圖、色彩與圖像等元素，用以增進思考能力與學習成效的方法，主要工具是心智圖，但也可視情況需要採用其他的視覺化組織圖；狹義的心智圖法則是使用博贊所提出的心智圖做為唯一工具的一種筆記方法。

換句話說，**人類史上優秀的先賢前輩們在不知不覺中已經應用到廣義的心智圖法**。我們現在雖然以博贊的心智圖做為主要的筆記工具，但也不要拘泥於只能使用心智圖，可依實際情況的需求，採用概念圖、魚骨圖、九宮格等視覺化組織圖做為筆記的工具。

Q5
觀念認知

為什麼總覺得向四周發散的心智圖，讓我掌握不了重點，無法歸納出具體方案？

A 這是因為博贊提出的心智圖強調大腦可以聯想出無限的想法，是一種放射性思考結構（Radiant Thinking），而一般大眾所認知的心智圖法也是以此模式為主，才會覺得只能發散，無法收斂。

其實我們必須先釐清，在放射性思考的過程中，其內容屬性可概略區分成「邏輯聯想」與「自由聯想」。博贊所謂「大腦可以聯想出無限的想法」是偏向自由聯想模式，邏輯聯想不僅必須具有特定目的性，且展開的分類層次或因果關係都必須連結到中心主題。

此外，放射性思考的邏輯聯想結構，可以說是一種分析模式，是一種從上到下、從整體到細節、從抽象到具體的結構，但我們生活中思考事情還有一種也是具有邏輯性的，那就是歸納。歸納則是從下到上、從細節到整體、從具體到抽象的模式。

也就是說，**心智圖法其實有兩種形成心智圖內容的方式，分別是自由聯想與邏輯聯想；也有兩種建構心智圖的模式，一種是由中心向四周展開幾個主題，延伸出更多的細節，另一種是從外圍細節歸納出若干個主題。**

唯有透徹了解心智圖「法」之後，你才會了解如何應用心智圖法掌握重點，在擴散與收斂之間收放自如。這也是本書後面篇章中將透過案例為大家說明應用的原則與技巧。

心智圖從中心向四周展開的放射性思考可無限延展，我該何時結束（收斂）呢？

A 這個問題與上一題有關，也是許多人在畫心智圖時常提出的困惑，甚至曾經有人拿著博贊《The Mind Map Book》這本書來問我，書中提到心智圖可從一個主題（書中是以「Happy」為題目）一直無限延伸出我們的聯想，那麼是不是就可以永無止境的聯想下去，沒有停止的時候？

博贊先生在書中說的完全沒有錯，但他沒有講清楚這個案例是應用在自由聯想的場合，以及他所要強調的是「我們大腦的聯想有無限的可能性」。

在進行邏輯分析時，會因我們的目的性或任務需求，而有暫停或結束的時候。例如採購清單，屬於東西分類的結構，從「肉類」可以往下層延伸出雞肉、豬肉、牛肉，「雞肉」又可延伸出雞腿、雞胸、雞翅，如果再往下就是購買的數量或金額，並不會無限制的延展下去。

不過，請不要忘記，在心智圖當中的任何一個關鍵字，也都可以成為另外一個全新思考的起點。

Part
1
初學
20問

Part
2
個人成長

Part
3
家庭生活

Part
4
職場工作

Q7 觀念認知

學校的老師都有教孩子畫心智圖了，還需要讓他們到外面上課學習嗎？

A 這個問題就好比學校已經有教游泳了，我還需不需要讓孩子另外去學游泳。答案取決於自己想要讓孩子學習到什麼樣的程度。

如果只是粗略理解心智圖的筆記方式，那當然在學校所學習的就夠了，因為<u>學校老師基本上不是教心智圖法，而是以心智圖法來進行學科的教學</u>。老師的目的是希望透過心智圖法讓學生更有效率學習課本的知識；而學生是在潛移默化中學習到心智圖法。

在這個過程中，孩子對學科的學習效果確實是可以提升，但不見得每一位學生都能真正掌握心智圖法的操作技巧。如果你希望孩子能自己運用心智圖法來整理讀書筆記、培養孩子有更好的自主學習能力，那還是有必要到專業培訓心智圖法的機構去做進一步的了解與學習。

心智圖是自己的筆記，不用拘泥於規則，只要自己看懂就好了？

 心智圖的英文叫做 Mind Map，其概念定義是 Map of Your Mind，就是反映出我們心智模式的一張圖。

如果你只是拿它來做為一個記錄事項的筆記，當然最主要是自己能夠看懂就好。像我們平常在辦公桌上不也會在一些空白紙上隨手記錄一些事情，記錄方式就是自己可以看得懂的，而事情一旦處理完就把它揉到垃圾桶嗎？

你的心智圖筆記，如果只是要求達到這種簡單的功能，自然可以不用太拘泥於規則。但是，你若想要這張心智圖具備更深層的意義與功能的話，例如問題分析、構思專案、創意思考，甚至還要兼具思考能力的培養，那麼心智圖法的規則就有它的重要性與必要性了。

Part
1
初學
20問

Par
2
個人成長

Par
3
家庭生活

Par
4
職場工作

Q
9
觀念認知

不就是畫一張像樹枝狀的組織圖，頂多一天、半天或甚至一小時就能學會吧？

A 是的，畫一張樹狀圖真的不需要花很多時間來學習，最快一小時，慢的話也只要三小時左右，你就可以畫出一個樣子了。如果用電腦軟體來畫，速度會更快，尤其本身若熟悉電腦的操作，頂多學上半小時，大概就會用電腦繪製心智圖了。

但是，如果你今天想要學習的是心智圖法，由於過程涉及到思考層面的講解、實作演練等訓練，以及結合各種學習或職場應用的策略，這時就會因我們想要學習的應用領域範圍有多少，學習的時間也會加長。

換句話說，心智圖法的學習，它的層面涵蓋了知識的獲得、技能的訓練以及情意的培養，是比較難一蹴可幾的。

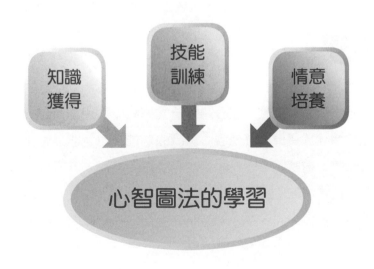

Q 10
觀念認知

用電腦軟體製作數位心智圖筆記就好，不用浪費時間去手繪心智圖吧？

A 數位心智圖筆記有它的優點，也有它的限制；同樣的，手繪心智圖有它的優點，也有它的限制。我們<u>必須依據應用的情境，選擇較能發揮效益的方式</u>。

數位心智圖適合大量資訊的整理，有方便修改內容、檔案容易儲存等優點；手繪心智圖在繪製的過程中充滿愉悅感，對內容記憶的效果較佳，且能激發出意想不到的創意。

例如讀博士班期間，需要閱讀大量文獻並梳理出脈絡，我就是採用 Xmind 來整理筆記；更早之前為了準備考博，雖然也是用電腦軟體做讀書筆記，不過對於內容中光是理解，考試不見得寫得出來的部分，譬如說明「不同學者針對全球化議題理論觀點的共通與相異處」，這種需要記憶的情況，就會採用手繪方式強化記憶效果。

小補充

在常用的心智圖軟體中，Xmind 屬開放原始碼的自由軟體，提供免費下載，在心智圖法愛好者中使用率很高。這套軟體除了具備完整繪製心智圖的功能，也包含魚骨圖、組織圖、樹狀圖、邏輯圖、二維表格等結構，非常適合做為心智圖法的工具。

＊下載網址｜http://www.xmind.net/downloads

Q 11
操作技巧

書上說心智圖是從中心圖像開始，自由的延展出想法。但我經常會想出一些不切實際的東西，或是畫好中心主題就卡住了，怎麼做才能開展出去呢？

Part **1**
初學 20 問

Par **2**
個人成長

Par **3**
家庭生活

Par **4**
職場工作

A 再次強調一下，心智圖法的思考模式分為自由聯想與邏輯聯想，或許有人認為寫出一些不切實際的東西是在鬼扯，浪費時間。其實不然。

這正是自由聯想的重要功能之一，就是「創新思考」。自由聯想讓我們可以不受拘束、充分發揮想像力、突破既有的思維框架，往往會產生出人意表的好點子，特別是在產品創新、創意問題解決等情境之下。

做自由聯想時，如果腦袋卡住了，你可以根據心智圖當中任何一個關鍵字，從人事時地物、五官感受……等方向，發揮作白日夢的本領，自由自在地寫出當下的感覺或想法。

做邏輯聯想時，如果腦袋卡住了，你可以從想要探討的議題切入，然後根據「高頻優選」（在這個議題上大多採用何種框架）的原則來展開思維。例如活動規劃、問題分析常見的「5W2H」；分析大環境的「PEST」；自我分析的「SWOT」或「SWOCE」；改善作業流程的「PDCA」等。

Q 12
操作技巧

我已經掌握畫心智圖的技巧，也會用它來整理讀書筆記，但在工作應用上卻常常不知如何著手？

A 延續上一個問題，我要再一次強調筆記的功能，依訊息的接收或提取可以分成兩種：一種是把別人的想法透過心智圖筆記記錄下來，例如閱讀書籍或聽演講的學習筆記；另一種則是提取出自己腦袋裡面的想法，例如工作計畫、專案管理、問題分析與解決等等。

在心智圖筆記的應用上，整理讀書筆記是比較好下手的，因為書籍本身就有章、節、段落標題等清晰的結構，我們可以用來做為心智圖的分類階層架構，一層層整理出自己的學習筆記。

但是在工作職場上，其應用層面千變萬化，就算是套用常見的5W2H做為從心智圖中心展開的第一階主要主題，但這七個主題要從哪一個開始？在專案的範疇管理或問題分析與解決的場合，考量的順序也會不一樣；而同樣是應用在工作計畫，例行性的工作與創新性的工作計畫又不相同。

這時候我們就會發現，光有心智圖是不夠的，還得再結合管理學上的一些策略。那麼究竟該怎麼做呢？在本書後面篇章會以實際的應用案例來為各位做詳細解說。

Q 13

操作技巧

要如何選擇適當的關鍵字寫進心智圖？如何取捨關鍵字？

A 由於心智圖法是緣起於語意學的一種思維模式，在語言的表達、人際溝通當中，一個句子基本必要的語詞是名詞與動詞，因此，**心智圖中語詞的選擇是以名詞與動詞為主**，修飾詞或連接詞可省略，除非是必要的。

一張心智圖裡面的關鍵字要豐富或精簡到什麼程度，與心智圖使用者（繪製者）對這個主題的背景知識了解程度有關。如果是很熟悉，關鍵字可以盡量精簡，但若對這個題目很陌生，那麼就有必要擷取多一點信息。

其判斷技巧就是，在省略掉某個關鍵字的時候，對於內容理解不會有任何影響，就可以省略；相反的，如果省略這個關鍵字，我們在閱讀這張心智圖時會產生疑惑，就有必要多寫幾個關鍵字，以避免做出錯誤解讀。

Q 14 操作技巧

五顏六色的心智圖好吸引人，但在色彩使用上是否有什麼原則？

 顏色在心智圖法有兩種功能：一、在視覺上區分不同的類別；二、在意涵上代表心中對某一類別的感受性。

倘若只打算達到第一種功能，在視覺上區分類別，就可以很隨興的用色，或是讓電腦軟體自動為我們所繪製的心智圖配色。

但如果想要達到第二種功能，透過顏色表達內心的感受，就必須思考這件事情或這個類別對我們而言，用什麼顏色來表現會比較貼切。當我們透過顏色融入情緒感受在一張心智圖當中，這張心智圖對我們來說，會更具有意義，而在思考時激發更多的創意，在讀書學習時提升對內容的記憶。

小補充

繪製心智圖，以 A4 或 A3 白色紙張為首選。使用工具以 4 色原子筆最方便攜帶，4 色螢光筆便於標示關鍵字，8 色以上水性筆可用於表達對不同類別概念的感受性，12 色以上色鉛筆可以在插圖與線條上增加美工效果。此外，圖像最好能用到三種以上顏色，或藉由線條、文字不同的顏色吸引目光、表達感受，以達到增進記憶的效果。

Part
1
初學20問

Part
2
個人成長

Part
3
家庭生活

Part
4
職場工作

Q 15
操作技巧

心智圖似乎比條列方式好，但為什麼總覺得效益沒想像中的大，和其他圖解思考工具也沒太大差異，甚至感覺很雜亂？

A 這大多是未能掌握心智圖法與其他圖解工具的差異所致。
心智圖法是一種有效處理資訊的過程，心智圖則是記錄我們從主題所展開的思維內容，並強調在每一線條上書寫簡潔的關鍵字，而不是一長串文字，以免阻礙思路，所以**最好每一線條上只寫一個語詞，除非是不可分割的概念，才寫成一個小短句。**

每一線條上只寫一個語詞，在創意發想時可開啟思考的活口，在資訊蒐集整理時，也可以有更好的彈性與統整性。

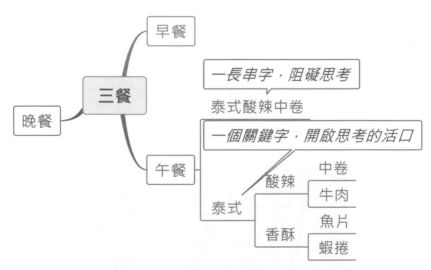

◆ 圖 1-1 一個關鍵字的優點：開啟思考的活口

33

進行分類時,碰到不同的條件或狀況,上下位階順序好像可以對調,我該怎麼排列比較好?

 這種情況大概不會出現在大中小類的場合,而是不同的條件或狀況處於彼此「包含」或「包含於」的關係時比較容易發生。

心智圖法的分類原則是,上位階代表重要的、抽象的概念,下位階代表具體事物,重要性相對較低。

從以學校為主題的這一張心智圖中,我們可以看到「老師」和「操場」這兩個關鍵字可互相對調,而且對老師的描述也都正確且相同。但是從心智圖法的觀點來看,在意義上卻是有些不同的,當把老師放在上位階的時候,表示我們比較重視的是「人」,如果把操場放在上位階,則表示我們比較重視「場地」。

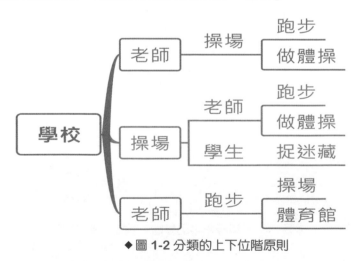

◆ 圖 1-2 分類的上下位階原則

Part
1
初學
20問

Part
2
個人成長

Part
3
家庭生活

Part
4
職場工作

操作技巧

我不太會畫圖,心智圖法可能不適合我用吧?

A 我遇到過很多人是因為喜歡畫畫,而來學習心智圖法,特別是小朋友,所以會提出這個問題的大部分都是成年人。因此,我就從兩個方面來回答:

第一、我們要學習的是心智圖「法」,這不是一堂畫畫課,要教給大家的是思考模式,不是繪圖技巧。過去有太多人誤解心智圖一定要畫得很美麗,使得許多不擅長畫圖的人因此卻步,而讓有美術天分的人沾沾自喜,但我仔細研究幾張畫得很漂亮的心智圖,發現在分類階層概念或因果分析推演關係上,有邏輯混淆的情況,如果應用在自由聯想的場合也就罷了,若是要用在工作計畫、問題分析、讀書筆記等講求邏輯的場合,反而失去心智圖「法」應有的功能性。

所以**不用擔心圖畫得不漂亮,只要能夠掌握心智圖法的原則與精神,可以採用電腦軟體來輔助繪製;手繪心智圖,例如創意發想或知識記憶的時候,運用簡單的插圖標示重點位置與聯想內容即可滿足需求。**甚至有些心智圖法的高手,可以不在紙上畫出心智圖,而是透過想像力在腦海中浮現心智圖。

第二、真的想要增進手繪心智圖的能力,可參考市售簡筆畫書籍,或報名參加各大學進修推廣部、藝術培訓機構所舉辦的插畫、鉛筆畫課程,一期幾個星期下來,畫插圖的功力必可大增,你也能畫出美美的心智圖。

Q18 操作技巧

小學的老師指定孩子要用心智圖整理學校功課，我如何檢查他畫的心智圖是否符合老師的要求？

A 我相信學校老師會希望孩子使用心智圖法來讀書學習，目的在於幫助孩子更有效率地進行學習活動。因此，先不要看心智圖畫得怎麼樣，而是先檢視是否達到學習課本知識的目的。身為家長的我們，應檢查孩子製作心智圖學習筆記之後，是否理解課文意思、記住文章重點。

Q19 操作技巧

我希望孩子習慣使用心智圖法，讓他讀書、學習更輕鬆。在日常生活中如何帶領孩子融入應用？

A 請牢記這句話：「生活化之後，再課業化！」書本其實是將生活中的點點滴滴以文字、數字、符號等記錄下來。孩子普遍不願意增加課業負擔，如果讓他們覺得學習心智圖法是一項額外的課業，就會增加抗拒感。因此，可先從生活上的應用著手，例如以心智圖畫出家族成員；每週上市場買菜前，一起以心智圖列出採買清單；假期全家出遊，以心智圖規劃旅遊行程等。

Q20 操作技巧

我的工作又不需要用到圖像，沒有必要在心智圖當中加插圖吧？

A 圖像可以增加美感，提升視覺上的效果，在心智圖法的運用原則上，插圖的目的是要凸顯重點關鍵字所在位置，幫助記憶內容中的重要知識。如果你的心智圖並不要求這兩項功能，那麼全部都是文字的心智圖有何不可？

別忘了，心智圖是我們工作或學習時的工具，千萬別掉入追求「美美的心智圖」的迷思。

由於這是初學者常會發出的困惑，甚至成為學習心智圖法一個嚴重的誤區，因此針對這個問題，接下來我會用較大篇幅多做一些說明。

我們人類處理訊息時的風格或傾向，與個人的偏好有關，有人偏好文字，有人則是偏好圖像。**心智圖是一種結合文字與圖像的視覺化組織圖，為了適應不同的認知風格及使用的目的性，在運用心智圖做為學習或思考的工具時，可以彈性的在全文字心智圖、全圖心智圖、圖文並茂的心智圖之間做出調整。**

全文字心智圖

針對語文導向型的人或純粹知識的記錄，初期可採用全文字的心智圖；慢慢熟悉心智圖法的應用技巧之後，可以在線條上融入色彩，以區分不同類別的資訊，表達感受性；然後在特別重要的關鍵字上以符號或圖標來表示即可。

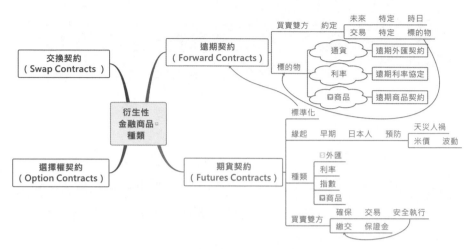

◆ 圖 1-3a 全文字心智圖：商品介紹

全圖心智圖

　　如果需要與他人有更多互動，希望對內容有更好的記憶效果，或對討論的主題能激發出更多的創意，這時候以全圖心智圖來呈現資訊是不錯的選擇，它也很適合視覺導向型的人使用。

◆ 圖 1-3b 全圖心智圖：自我介紹

圖文並茂的心智圖

　　根據我多年在教學過程中給學生所做的認知風格測驗，結果發

現大多數人不會是極端的視覺導向型或語文導向型，而是會比較偏向某一邊，特別是偏向視覺導向型的人居多。因此，圖文並茂的心智圖就有它的優勢。

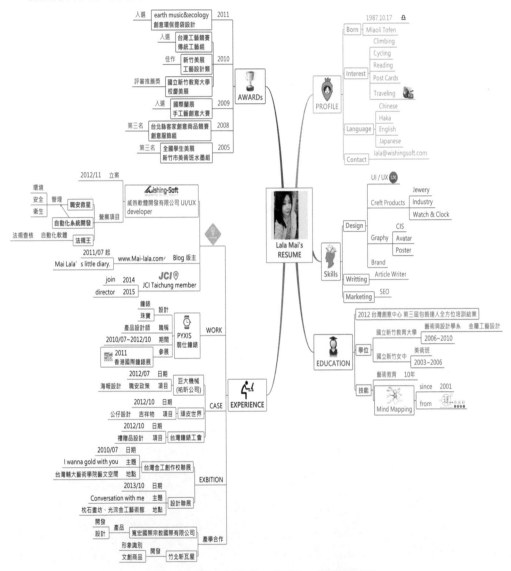

◆ 圖 1-3c 圖文並茂的心智圖：求職履歷表

以上是針對心智圖法初學者常見的困惑與誤區提出一些說明。如果你想再進一步深入了解心智圖法的理論背景與操作定義，請參考我的《案例解析！超高效心智圖法入門》與《心智圖法理論與應用》這兩本書。

［ 個人成長 ］

心智圖法的生活應用之一

修身、齊家、治國、平天下，乃為人處事的基本條目，由個人之「明明德」做起；發揮到「親民」，以達到「止於至善」的境地。

換句話說，修身就是把自己的言行思維模式培養好。

心智圖法是一種心智的智慧與心理狀態，呈現出情緒、信仰、信念、意象、慾望、思維意圖與知識等，對鞏固言行思維模式有其功能性。例如應用在讀書筆記、知識管理、鞏固記憶、自我省思、人際溝通、時間管理、問題分析、計畫構思等。

在本書第二部分將以幾個實際案例，為大家解析心智圖法應用在個人成長領域的原則與技巧。

※ 掃描 QR Code 點選圖號
點小圖看大圖，閱讀學習更輕鬆

應用 1 ▶ 人際關係相見歡

　　社交場合上，在他人心目中留下良好的深刻印象，相信是每個人所期望的，也是建立人際關係的關鍵。「介紹自己」通常是互動的開始，但實際情況是，他人在做自我介紹時，我們不是在思考等一下要講些什麼，就是記不住別人所說的內容；同樣的，別人大概也記不住我們所做的介紹。要如何才能輕鬆準備講稿，與他人進行更好的互動呢？以全部都是圖像的心智圖，做為與人互動時的視覺化媒介是一種不錯的選擇喔！

自我介紹 ▶ ▶ ▶

◆ 圖 2-1a 自我介紹：全圖形式的心智圖

劉珈安

小學六年級

孫易新心智圖法兒童班結業（2016 年）

　　自我介紹是讓別人認識你的最好機會，而我如何用一張紙介紹自己呢？許多人可能會寫很多字，讓人讀得很累，但同樣利用一張紙，我「畫」出來的心智圖簡單易懂，卻也不失自我介紹的意義。

　　這張【自我介紹】，我最先畫的是中心圖像，將姓名以圖畫方式在中間呈現，讓閱讀這張心智圖的人先記住我的名字。我畫了一個女孩正流著汗做瑜珈，上面的愛心代表十分心安，就如同我的名字——劉珈安（流著汗做瑜珈感到很心安）。

　　接著，繪製心智圖主幹線條，我在「就讀學校」的主幹使用色彩是綠色，因為我們學校種了許多植物，媲美一座森林，分支畫上校徽可讓別人知道我念的學校，還有我的制服顯示出我的班級；而「興趣」使用紅色繪製，代表著自己熱情的喜好，讓人看圖就可以說故事；使用藍色做為「我的生日」主幹顏色，是因為我覺得藍色宛如湛藍大海，人生就像海洋般廣闊無際；最後的「才藝」使用銀色主幹，這個顏色代表著獨特，我的才藝是與眾不同的，分支再畫上擅長的樂器讓人一目了然。

　　通常我都是先繪製完所有第一階的主要主題之後，再一一畫上分支主題的內容及細節，每次畫心智圖都會覺得很開心。而這張自我介紹的心智圖不僅簡單易懂，閱讀起來也會讓人感到十分有趣，令人想要繼續看下去。因為呈現方式的與眾不同，除了可以讓人一目了然之外，別人也會對我印象深刻，這就是我喜歡使用心智圖的原因。

【孫易新老師點評】

　　珈安同學以全圖形式的心智圖來呈現她的一些個人資料，包括姓名、就讀學校、興趣、生日與才藝。以圖像來表達信息，可以採用諧音與意義兩種方式，珈安在中心主題的圖像以諧音方式說明她的姓名，讓人容易記憶；就讀學校、興趣、生日與才藝則採用意義的聯想，這樣能清楚表達相關的信息，不至於誤解。

　　這種全圖形式的心智圖，適用於與現場其他人互動解說，以及內容記憶的場合。倘若只讓他人閱讀，諧音的聯想圖像恐怕會造成誤解，像這種場合使用圖像最好採用意義的聯想，以圖文並茂的方式呈現，也就是在構思內容時，先用文字把想法寫出來，然後在特別重要的關鍵字旁邊或上方，加上能產生意義聯想的圖像，這樣別人就很容易看懂內容，也能注意到重點資訊在哪裡。

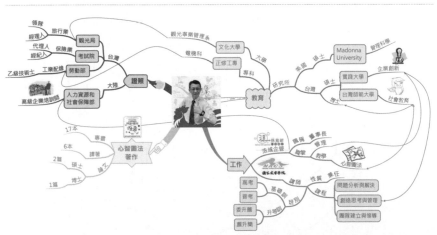

◆ 圖 2-1b 自我介紹：圖文並茂的心智圖

※ 延伸應用：公司介紹、產品介紹

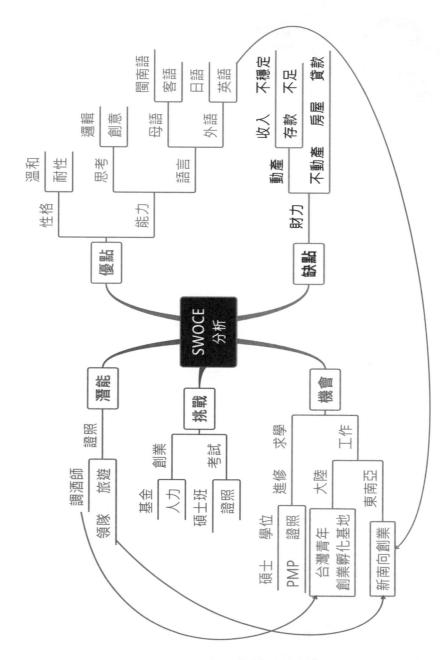

◆ 圖 2-2a 自我省思：SWOCE 分析

2 ▶ 自我省思與收穫

在古時候，自我省思是為學為人的基本功夫。

有「西方孔子」之稱的哲學家蘇格拉底也曾經說過：「我最大的智慧就是知道自己無知。」像這樣能夠經常自我反省，才能培養高尚的人格。

可是很多人一定跟我年輕的時候一樣，不知道該從何反省起，或是腦袋一大堆自己做得不夠好的地方，卻無從下筆。直到後來接觸、學習心智圖法，我了解到「分類」與「提取關鍵字」是心智圖法的核心概念，就經常會用像 46 頁這張心智圖（圖 2-2a），從優點、缺點、機會、挑戰、潛能等幾個方向去省思自己的狀況，訂出解決的策略方針。

難怪曾子會說：「吾日三省吾身：為人謀而不忠乎？與朋友交而不信乎？傳不習乎？」就是在告訴我們每天必須從做事、交友與學習三個方向去檢討自己。

除了從固定的模組去思考，我們也可能因日常生活中閱讀某篇文章而觸發心中的一些悸動，這時也可以立刻拿出紙筆，根據當下的靈感或文章的啟發，將心中的想法記錄下來。接著我們藉由珊妮【探尋生命的意義】這張心智圖，來看看自我省思的過程以及繪製心智圖的步驟。

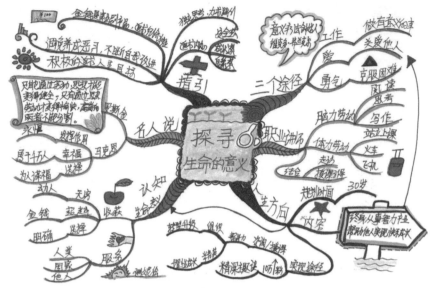

◆ 圖 2-2b 自我省思：探尋生命的意義

M i n d M a p p e r

吳珊珊（珊妮）

心智圖法技能傳播者

孫易新心智圖法職場應用基礎班（2017 年）

　　五一當天，與家人飽餐之後，需要點精神食糧，打開微信，看到了劉百功老師的文章〈探尋生命的意義〉。讀完後，讓我似乎茅塞頓開，領悟由生到死之間，該如何有意義的活出自己？我想將文章內容全部記憶於心，並在落筆繪製心智圖時，讓心中可以感受到一些共鳴。

　　於是我先通讀全篇文章，思索它對我的意義之後，找出了一張 B4 白紙和一支鋼管筆，將紙張橫放，在紙張中央繪製中心主題圖像

Part
1
初學20問

Part
2
個人成長

Part
3
家庭生活

Part
4
職場工作

——我畫了三株剛萌芽的小豆苗，代表生命的喜悅與希望，再用一個放大鏡來代表探尋。如果說，這篇文章主題好比是我對生命意義的一顆種子，那中心的黃色背景就是我所描繪的大地色彩，我希望將視覺暫時聚焦在這個主題上，說明我正思考要如何走得更遠。

接著我又看了一下文章，在腦中預想怎麼對內容進行分類，最後決定將內容分成六個部分，但沒有按照文章順序繪製心智圖，而是根據自己的理解，重新編排內容並呈現在心智圖上。而這六類分別是：

1、探尋生命意義的三個途徑

2、職業講師的工作說明

3、百功老師如何奠定人生方向

4、為他帶來哪些效益（認知生命意義）

5、引出名人說

6、讀完文章帶給我的指引

分類完畢後，開始落筆繪製主幹和分支。我是按照順時針方向繪製，以中心圖為時針的中心，第一個是右邊兩點鐘方位「三個途徑」那個粉紅色主幹，代表人活著是為了尋找生命的意義，加上一個太陽，想表達這個地方是探尋生命意義的開始與終點，擁抱一顆初心。但是也深刻意識到，我在勇氣上的不足，於是在分支克服困難的地方用黑色筆畫上一個三角，我認為這是我的一塊大石頭，要去修正。

從第二個主幹「職業講師」開始踏上〈探尋生命的意義〉之旅，我用綠色來表達，象徵付出後的希望。

第三個主幹是「人生方向」。文章提到人生方向中「從事的終身事業」恰恰佐證了第一個主題分支內容，於是我用一條實線做指向，表明兩者之間的關係。從心智圖上看來，人生方向這個分類所展

示的所有內容，字數也許不多，但對我而言卻是深沉的，要經過重重關卡，達到就是優雅的，因此我用紫色來代表優雅。當你去思考並確定目標之後，一旦行動，就會得到第四個主幹，所以我用了一個黑色實心箭頭指向第四個主幹，代表所有的內容皆源自於第三個內容。

　　第四個主幹是「認知生命意義」，就在分支服務與收穫這兩個關鍵字那邊加了兩個圖像，用手掌托著一顆紅心，代表信念和付出，終將會收穫想要的碩果。這個主幹也是用粉紅色，代表「萌芽於哪裡，收穫就在哪裡」，於是從這裡拉出了一個分支「收穫」，就在這裡「結果」。

　　第五個主幹「名人說」，其實是表達文章作者的例子，以及偉大人物說過類似的名言佳句，用以進一步佐證實現探尋生命意義的三個途徑。而我自己探尋生命意義的問題，畫到這裡，內心豁然開朗。它何嘗不是綠色的？於是再一次出現綠色線條。

　　第六個主幹也就是最後一個主幹，是我的「指引」方向，用藍色代表我的堅定，也是我的使命宣言。

　　特別要說明的是，我在畫心智圖的時候，無論是中心主題圖像，還是分類內容，全都是先用黑色鋼管筆繪製，再進行顏色上的區分，最後才加上關鍵圖。每增加一個元素，不論是增加筆的顏色或關鍵圖像，我的收穫不僅是對內容產生強化作用，也讓我的思考有了一個更加完善的過程。

　　總結全篇，在我看完一篇文章，希望用心智圖的形式做一個記錄並銘記，當我將想法落筆於紙上，用心繪製完畢時，這些內容的來龍去脈不僅在我腦海中充滿著邏輯，也注入了恆久的生命力，它已經像一個故事、像一個劇情呈現在我的腦海。希望藉由這張心智圖能幫助我走得更遠。

【孫易新老師點評】

批判思考是有效的學習策略之一。珊妮在閱讀一篇文章時,不僅能與當下生活的經驗進行連結,進而反思自己的過去與策勵未來的發展,並以心智圖整理出自己的思緒,她的精神與做法是非常難得的,值得大家學習。

心智圖法緣起於語意學,強調每一線條上以書寫一個語詞為原則,除非是不可分割的概念,譬如說專有名詞或名言佳句,若是有這種比較長的一個句子,在心智圖當中比較好的呈現方式是採用圖文框,例如珊妮這張心智圖上三個途徑、人生方向與名人說的地方就有出現一長串文字的情形,而珊妮分別以對話框、指示牌與告示牌等圖文框形式呈現,這樣的做法很好。但如果在指引的分支內容也能採用圖文框記錄名言佳句會更好。

※ 延伸應用:分析人格特質、設定人生目標、省思價值觀

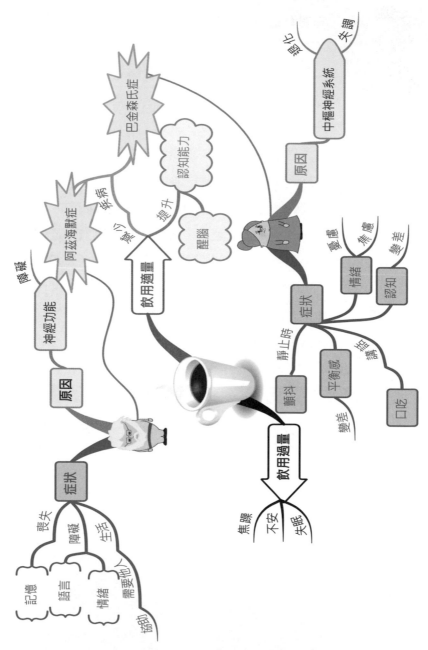

◆圖 2-3a 生活知識：咖啡的功用

Part
1
初學20問

Part
2

個人成長

Part
3
家庭生活

Part
4
職場工作

應用 3 ▶ 生活知識一把抓

考試狀元，生活白癡。

你周遭有沒有這種同學、朋友？

　　其實從生活中所接觸到的事物來學習，不僅能觸發更強烈的學習動機，對於理解、記憶也有很好的效果。這是因為發生在日常生活的點點滴滴，對我們而言是一件有意義的事情，而有意義的學習才有趣，才能成為長期記憶，所以生活中的經驗學習是最有效的學習方式。

以心智圖來整理、記錄自己有興趣的主題知識，不僅好玩又有趣，也能養成終身學習的習慣。

　　例如，我從年輕的時候就很愛喝茶，近年來也開始喜歡上喝咖啡。但我對咖啡的了解有限，不清楚喝咖啡究竟對我的健康是好是壞？於是就用電腦軟體畫了 52 頁這張心智圖（圖 2-3a），幫助我認識咖啡的功用。

　　當元宵節快到的時候，照往例老師都會為學生介紹一下即將到來的節日由來。任教於青島第三小學的于鵬老師，決定突破過去條列式的文字說明，改採用心智圖的方式跟班上同學進行互動，看看，是不是很有趣呢？

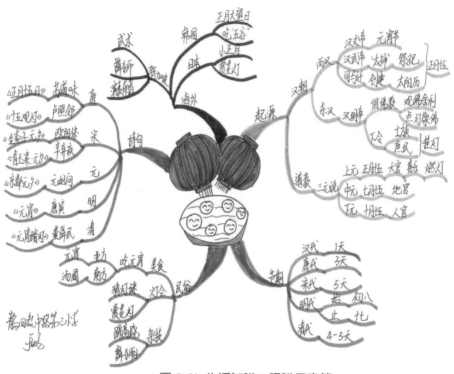

◆ 圖 **2-3b** 生活知識：認識元宵節

M i n d M a p p e r

于鵬

青島四流中路第三小學教師

山東思維導圖法種子教師培訓班結業（2017 年）

　　元宵佳節是我國的一個傳統節日，為了讓孩子們了解元宵節的由來和習俗，我繪製了【元宵節】這樣一張心智圖。

　　中心圖我選用最能體現節日氣氛的大紅燈籠和元宵，讓人一目了然，而透過圖像也能了解到這個節日的兩個重要特徵。

元宵節歷史悠久，可以追溯到西漢時期，在漢文帝時就有元宵節了。道教有「三元」說，這也是我們把元宵節叫做上元節的原因。這部分內容在第一個主題分支都有呈現。

古人很重視元宵節，所以在這個節日就會放假，每個時期都有不同的節期，還有一些非常重要的習俗，而這些在古代文人的作品中亦有所體現。實際上，元宵節在海外也是一個很重要的節日，通過對他們習俗的研究，發現與我們的異同。

這張心智圖就是從元宵節的起源、節期、民俗、詩句和海外習俗這五個方向進行闡述，從這張圖我們可以非常直觀、深入且全面的認識元宵節。

【孫易新老師點評】

心智圖法在知識的分類上，強調同一個位階盡量要求是同一個類別屬性。

于鵬這張心智圖在海外之下列出三個國家，詩句與節期之下分別列出五個朝代名稱，民俗又分為「美食」、「燈會」與「雜技」，讓人在閱讀心智圖的內容時，邏輯非常清晰，層次分明的思考模式也是心智圖法重要功能之一，這點于鵬老師給我們做了很好的示範。

同樣道理，在起源之下倘若能先列出「朝代」與「宗教」，然後才接「漢朝」與「道教」會更好。

除此之外，心智圖法還有一個重要功能，就是看出不同類別之間的概念，彼此的關聯性。針對知識的邏輯分類，以及關鍵字之間的關聯性，56頁中，我以類似主題【認識中元節】的心智圖（圖2-3c）提供大家參考。

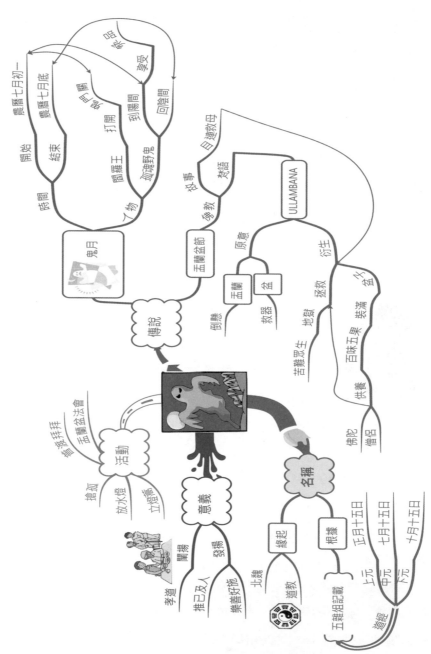

◆ 圖 2-3c 生活知識：認識中元節

　　生活中還有很多知識值得我們去探索，現在大家的習慣（或最直覺的方式）就是上網查詢，但是這些有用的知識該如何保存下來，方便日後生活上用得著的時候，可以立刻拿出來用呢？心智圖筆記絕對是你最佳的選擇！

　　臺灣的溫泉是世界有名的，不少國外觀光客，特別是來自日本的遊客，來臺灣旅遊的目的之一就是泡溫泉。接著讓我們透過心智圖生活筆記，一起來認識臺灣溫泉吧！

認識臺灣溫泉 ▶ ▶ ▶

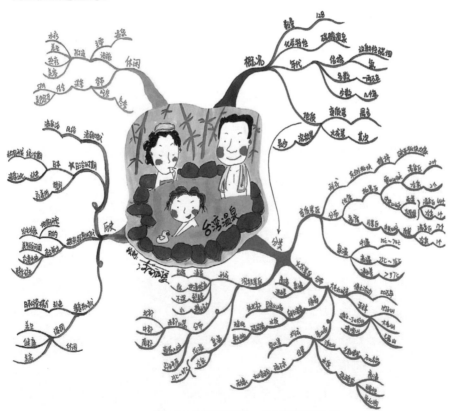

◆ 圖 2-3d 生活知識：認識臺灣溫泉

王蓉琦（凍菌）

心智圖法專業講師

孫易新心智圖法講師班 34 期結業（2017 年）

原來閱讀枯燥的科普文也可以成為一件快樂的事。

你是否有過這樣的經歷：科普文章晦澀難讀，讀上五分鐘就昏昏欲睡，專業術語加上細碎的知識點，讓人瞬間真的好崩潰。

可是就是有一種工具，可以瞬間讓你的學習變得趣味盎然。在枯燥的文章中，透過分類整理，細碎的知識點也能變得井然有序；經由圖像和色彩的刺激，大腦突然就像活過來一樣，高效專注地閱讀完所有資訊。究竟是什麼讓學習突然變得有趣起來？甚至閉上眼睛，還能回憶起梳理過的知識點呢？

答案當然是「心智圖」。

看過孫老師自我介紹的學員，都知道老師喜歡泡溫泉。但我心裡一直很疑惑，臺灣那麼熱，怎麼會有溫泉文化呢？於是我好奇地透過微信語音請教孫老師，希望某時可以從老師的文章裡了解到臺灣溫泉的資訊與知識，然後繪製出心智圖進行學習。

誰料到話音剛落，孫老師就傳來一篇介紹臺灣溫泉的文章。我興奮地打開文檔，然後就傻眼了。維基百科這篇接近 2500 字的文章，從地質角度將溫泉的概況和分類進行了專業講解，然後又從溫泉的開發歷史和發展角度進行了客觀描述，但由於文章中多為專業術語，晦澀難懂，也與我原本想要閱讀的溫泉「風月之情」相差過大，令我瞬間倍感崩潰。

當我耐著性子將文章通讀完畢之後，卻發現它雖然僅有 2500 字左右，涵蓋的知識面卻相當廣，處處都是知識關鍵點，但稍不留

神，就有可能因無趣的語言描述，讓大腦進入休眠狀態。好在我有心智圖這一神器，可幫助我快速進行知識的歸納整理，加上心智圖當中豐富的色彩和圖像，著實為我的學習增添不少樂趣。

讀第一遍時，發現雖然文章結構已根據臺灣溫泉的總體情況、地質分類、開發歷史和休閒觀光進行分類講解，但由於每個小節的知識點資訊量都不小，因此很容易產生混淆。

所以，提取關鍵字不能僅停留在勾選這個動作上，還需要經過轉化，比如把多字詞語轉化為兩字或少字詞語；概括，把一段話概括為一句話，一句話概括為一個詞；再造，將看到的資訊經由理解、記憶、加工進行提煉，概括成自己梳理的關鍵字。

例如，對於第一段總體情況，原文描述：「臺灣有溫泉徵兆的溫泉區有 128 處，以溫泉區地質來看，變質岩區最多，其次為火成岩區，沉積岩區最少。以化學特性分類，臺灣溫泉大多屬於碳酸鹽泉。經由放射性碳十四及氚定年，溫泉的年代大多已有一兩萬年之久，一兩處最年輕的溫泉也有幾千年。」

通讀後，我拉出第一主幹「概況」，首先將這段文字分為數量、化學特性、年代和地質。其次對於「經由放射性碳十四及氚定年」這一類的資訊，梳理為年代 - 依據 - 放射性碳十四和氚。最後將「以溫泉區地質來看，變質岩區最多，其次為火成岩區，沉積岩區最少」這段文字和文章第二小節標題「臺灣溫泉分類（依地質）」重複出現的資訊，梳理為關鍵字地質，做為「概況」的第四分支，並以關連線指到第二主幹「分類」的地方，讓這張心智圖的邏輯結構更加清晰。

至於第二小節，則在第二主幹「分類」上進一步拆分為變質岩區、火成岩區和沉積岩區，並就每一岩區的知識點，按照形成、分布和泉溫進行知識梳理，讓知識點的呈現更加有序，方便類比記憶。

在第四小節「休閒觀光」上，原文為：「由於臺灣地屬亞熱帶及熱帶，冬季以外其實並非浸泡溫泉的好時機。尤其清代漢人雖早已發現溫泉，但誤以為溫泉是一種有毒的水，不敢冒然接近，整個華南及臺灣皆未有浸泡溫泉的風俗。但是熱愛泡湯文化的日本人，則視臺灣溫泉為珍寶，溫泉文化主要亦在日治時期引進。也由於多數時間並不是溫泉旺季，故現代臺灣溫泉業者除了溫泉外，尚提供養生、熱療、美容甚至賓館的型態經營，甚至結合 SPA 與美食餐廳，或以渡假區方式經營，與日本溫泉經營方向有極大不同。最明顯的例子，日本溫泉旅館通常僅有大眾池有溫泉，且其餘設施並不多；但臺灣溫泉常附設水療等，房間也提供泉水供旅客休息使用。」

由於資訊比較雜糅，在孫老師的指導下，我在第三主幹「歷史」的日治時期分支上加註小圖示，強調本段提到的「溫泉文化主要亦在日治時期引進」；並且以「休閒」拉出第四主幹，用設施和季節進行資訊劃分，而在「設施」中以主要和附設對使用範圍做分析歸納，在「季節」中以淡季、旺季梳理出臺灣溫泉業的經營型態。透過此次整理，我再次深深感受到心智圖的神奇之處，原來閱讀枯燥的科普文也可以是一件快樂的事！

【孫易新老師點評】

心智圖當中一定要加入很多插圖嗎？這是不少初學者的困惑，而有些人因為不擅長畫圖，便對使用心智圖法產生了排斥感。其實，如果只是純粹知識的蒐集、整理，用繪製心智圖的電腦軟體（例如 Xmind）即可滿足需求。但倘若想要更加深印象，蓉琦的這張手繪心智圖就是一個案例。中心主題圖

像可以自己創作當然是最好的，如果不知道如何下手，只要上網搜尋，選一個自己喜歡且跟主題相關的圖片模仿，甚至把紙張貼在螢幕上描繪出來，都可以強化對這篇文章主題的記憶。

　　至於文章中特別重要的地方，是否需要加上跟內容能產生聯想、具有意義的插圖，就要看你這張心智圖的目的為何？如果純粹只是資訊蒐集、能看到重點在哪裡，簡單以小圖示或符號來標示即可，例如這張心智圖左邊的「日治時期」有打上一個星號。但若是希望可以強化記憶效果，最好是畫個日式平房，院子有個溫泉池，屋頂再插上日本國旗。

※ 延伸應用：烹調美食祕方、居家護理知識、家電簡易維修、庭院盆景種植

4 ▸ 思緒清晰好靈光

　　二十幾年前，在參與國際青年商會的訓練活動中，讓我最感到震撼、學習成長最多的就是辯論比賽了。因為我發現在辯論攻防的過程，唯有清晰的思緒，才能掌握論點優勢，完整申論；同時也能洞悉對方的缺點，進而窮追猛打。心智圖法就是我制勝的祕密！

　　人類自然的思考方式，除了分析演繹與綜合歸納之外，似乎也常會有無厘頭的跳躍式思考，腦袋經常出現神來一筆的靈感。但我們卻往往在固定的線性思考過程中，有意無意地忽略了這些可能極具價值的想法，實在非常可惜。

　　心智圖的樹狀結構與網狀脈絡就好比是一個全方位的守備球員，隨時準備接住我們突發的想法。當一個靈感出現的時候，我們可以檢視一下這個想法，適合接續在目前心智圖當中的哪一個概念之下，或者另立一個新的主要類別。

　　換句話說，**心智圖法的價值在於思考模式與過程，而不是「畫」漂亮的圖。**例如 63 頁這張辯論賽攻防稿基本架構心智圖（圖2-4a），至今對我仍然非常實用。遇到談判、協商、決策等場合，我會從現況事實、反對意見、支持論點與解決方案等四個方向都仔細思考過後，才做出決定。這張心智圖的結構已經內化成我思考決策時的基本框架，然後我再因應不同議題、不同場合的需求，將所

蒐集的資訊或自己的想法填進所繪製的心智圖，內容的豐富度，包括文字、色彩、插圖等，也會視情況做出調整。

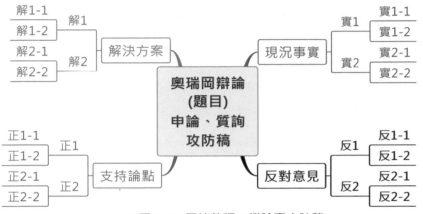

◆ **圖 2-4a** 思緒整理：辯論賽攻防稿

　　這個技巧適用於任何需要構思想法，例如學校演講比賽、商業簡報、讀書會等場合，我們就一起來看下面兩個案例吧！

即席演說擬稿 ▶ ▶ ▶

◆ **圖 2-4b** 思緒整理：即席演說比賽講稿

劉珈安

小學六年級學生

孫易新心智圖法兒童班結業（2016 年）

　　之前代表學校參加國語即席演說比賽時，比賽規則是每位選手在上台前 20 分鐘抽出比賽題目，然後利用 20 分鐘準備演說稿。大家都是以日常作文的寫稿方式，一字一句的撰寫，但是這樣的方式卻很難同時背稿，因此在演說時也說得不是很流暢。

　　而我和其他選手不一樣，我是用「心智圖」來準備演說稿。

　　在這張心智圖（圖 2-4b）上，我先繪製了四個主幹（主要主題）做為演講內容的大綱，分別是作文的四大要素起、承、轉、合。

　　在第一個主幹「起」上，我再細分出社會，介紹人際關係及友誼的重要與可貴；在第二個主幹「承」上，引用我的親身經歷，以好同學轉學的故事，詳細說明我們的認識經過；而在第三個主幹「轉」上，將事情的轉變一一列出，說明整件事的來龍去脈；然後在最後一個主幹，我以個人感想來做為文章中的「合」，也同時為整個故事畫下句點。

　　繪製心智圖不但幫助我在很短的時間內把演講內容鉅細靡遺整理出來，更讓我上台前的準備時間綽綽有餘。由於時間只有短短的 20 分鐘，所以繪製過程只能使用單色筆，沒有時間使用別的色彩，但是透過四個主幹所呈現出來的邏輯思考與簡單的圖案，讓我不僅把題目內容背得很熟悉，上台演說時也十分流利。

　　正因為運用心智圖，讓我獲得新北市七星區演說比賽國小組第一名這份榮耀，也使我有機會能夠代表地區參加新北市的市賽，真的感到很開心。

Part
1
初學20問

Part
2
個人成長

Part
3
家庭生活

Part
4
職場工作

【孫易新老師點評】

在此恭喜珈安應用心智圖法準備演講比賽時的講稿，獲得國小組第一名的好成績。她在暑假期間，參加心智圖法兒童班，並將課堂中所學習到的知識技能，在開學之後立即應用，這也是我經常勉勵學員的一句話——「離開教室才是學習的開始」。要將課堂所學應用到生活中，才是最有效的學習。

類似這種即席演講的場合，準備演講內容的時間都非常短，所以珈安畫的這張心智圖沒有豐富的色彩、插圖，但因為邏輯結構清晰、關鍵字適當，幫助她順利獲得演講比賽冠軍。如果以後能隨身攜帶四色筆，以四種顏色代表「起」、「承」、「轉」、「合」內容的意涵，當融入色彩之後，不僅在思考時會更有創意，對內容記憶的效果也會更好。

讀書會心得分享 ▶ ▶ ▶

◆ 圖 2-4c 思緒整理：讀書會心得分享～讓閱讀讚美生命

吳珊珊（珊妮）

心智圖法技能傳播者

孫易新心智圖法職場應用基礎班（2017 年）

　　與人分享讀書心得，需要將內在所擁有的知識，以具結構化的語言方式表達給大家。我該從何開始呢？大腦似乎沒有思路，又彷彿處於一片混亂狀態，沒有思路來源。可是與人分享知識的時候，總不能像聊天一樣，想到哪就說到哪吧！基於這個原因，我想到了心智圖，想試試它能否幫到我。

　　於是我取來一張 A3 的白紙，無論分享啥內容，先把我要分享的主題【讓閱讀讚美生命】寫上去，將我感受到讀書的美好呈現出來。我想到自己在桌邊讀書的情景，便以這種感受做為主題，畫了一張圓桌，上面放了許多書；讀書使人變得更加有寬度、有長度、有自我、有境界，於是我在桌底地上畫了一些嫩綠的新葉。

　　在做分享的時候，我首先要問候大家，但內容不能太多，所以我在中心圖右方一點鐘的方位，畫了一張紙條，代表這裡是分享的導入而已。

　　然後說明我熱愛讀書的原因，心得應該是紅色的，便畫了紅色主幹表達我的心情，最開始想到三個心得，分別是讀書的熱情、讀書的量、讀書的技巧。但在繪製分支時，又多想到了一個我認為有必要添加的內容，就是儀式感。這也正是手繪心智圖在落筆時所產生的靈感創意吧！

　　因此在主幹線條上我畫了四顆心，代表「四個心得」。讀書需要良好的心態，於是在分支旁邊畫了一個太陽，寓意熱情；讀書的速讀也和積累有關，需要一定的量，我畫了一棟高樓；讀書快也需

Part
1
初學20問

Part
2
個人成長

Part
3
家庭生活

Part
4
職場工作

要技巧，我畫了一把弓，代表技巧；讀書是神聖的，當我的孩子達到目標的時候，我會手繪一張書籤送給孩子，就在儀式感這裡加上一張小書籤。

讀書也必然有過閱讀的障礙，需要對症下藥。當我想到這些內容時，感到心情很愉悅，迅速畫上一條湖藍色的主幹，代表我的心情愜意，也在這個主幹線條上畫了一個「1」，代表了這是如何快速閱讀的方法之一，而其他內容通過圖像來表達，比如推薦書、讀書慢的原因、回讀和音讀符號，再畫了眼腦直映圖。最後就是以破除法來消除弊端，畫上怎樣提高速讀和培養專注力的方法。

然後將剛才想到其他能夠說明快速閱讀的內容另起一個分類，我想這部分內容是上一部分內容的延伸和拓展，於是用了深邃的紫色來代表。閱讀快，離不開回饋，離不開目標閱讀，積極心態去閱讀，以及繪製心智圖，所以就有了紫色分類那些圖的出現。

讓閱讀讚美生命，有哪些書對我產生了影響？我想也是書友們想知道的內容，有必要做一個分享。於是我寫上了三本對我影響最大的書在藍色分支上，告訴大家，這幾本書為我帶來的改變。

當我畫完「影響」這個分類時，感到很開心。原本不知道從何開始的分享，已然清晰呈現在一張紙上，而如果我想有更好的素材，只要以自己寫下來的這些綱要做一些資料搜索即可。

最後在完成這張心智圖的時候，不僅已將要分享的內容呈現在一張紙上，我的思維也變得更加清晰。而在我回憶分享時，由於這些關鍵圖所起的作用，讓全篇內容在我腦海中依然很清晰，因此我心情格外愉悅，立刻感受到了繪製心智圖對我的意義，於是我又增加了一個意義的圖，它形如一個星球，代表讀書讓我見識到了更加廣闊的世界。看世界，看他人，看自己，讓我內心變得比較堅定，

更加有力量，這就是讀書所帶給我的價值，同時也是這張心智圖為我帶來的價值。

【孫易新老師點評】

從珊妮對這張心智圖的說明中我們可以發現，心智圖不僅將她內心的想法展現出來，更觸發她產生更多的想法，簡潔的關鍵字配合簡單的插圖，讓思緒更清晰、更聚焦於重點主題，她的呈現方式值得大家借鏡。

但有一點要注意的是，圖像是非常個人化的，這張心智圖自己看、自己使用是沒有問題，但如果是要做為演說時的解說圖，就有必要斟酌插圖的使用，盡量採用大家都能理解、都具有相同意義聯想的圖像為宜。例如右下方「破除」之後的兩個小插圖，若不去看解說，恐怕無法理解它們所代表的意涵。

※ 延伸應用：商業談判、致詞演講、考試申論題寫作

Part
1
初學20問

Part
2
個人成長

Part
3
家庭生活

Part
4
職場工作

應用 5 ▶ 運動養生好健康

2017 年 10 月下旬某一天上午，打開報紙，看到外電報導美國 NBA 職業籃球明星林書豪，在球場上不慎造成右膝臏腱斷裂，宣告本球季提前報銷。

你我或許不是職業球員，不會做出太劇烈或從事危險的運動。但我們都清楚，日常養成運動習慣，可促進身體血液循環、強化骨骼肌肉，達到養生的目的。不過如果沒做好預防措施，恐怕還沒把身體練好，就先造成無法彌補的傷害。例如，一位同事的小孩很喜歡打籃球，從高中起就是班隊代表，念了大學，也經常出現在籃球場上，但卻因為常扭傷腳踝，成了中醫診所的常客。究竟要如何運動才能避免運動傷害？

還有一種影響身體健康的情況就是身體太胖，走幾步路就氣喘吁吁，更別說要從事運動項目了。該怎麼減肥才有效呢？

《中庸》：「凡事豫則立，不豫則廢。」運動養生也必須做好周詳的計畫，再按照計畫逐步執行，才能達成預定的目標，否則邊做邊想，或臨時起意，都是非常危險的。

其實道理我們都懂，就是記不住或起不了警示作用，對吧？我們不妨看看一些成功的案例，原來心智圖法都幫了他們大忙喔！首先我們來看云彤如何應用心智圖提醒自己運動該注意的事項。

◆圖 2-5a 打籃球怎麼做才能預防受傷

MindMapper

王云彤（Fiona）

國中一年級

孫易新心智圖法兒童班結業（2012 年）

　　我會畫這張心智圖是因為我很喜歡運動，什麼運動我都有嘗試過，不管是籃球、棒球、足球、排球等等。不過在運動的過程中，常常看到有人受傷，不管是輕微的扭傷，或者嚴重的運動傷害，都有可能造成無法參賽的後果，所以我就整理了打籃球前、打籃球時以及打籃球後應該注意些什麼。

　　在繪製這張心智圖時，我先在中心主題畫了一個小男孩在打籃球，因為我的主題是【打籃球怎麼做才能預防受傷】，在這張心智圖中令人印象最深刻的，應該也會是中心主題。接著我分成「運動

前」、「運動時」、「運動後」，一個一個詳細的去分析要特別注意些什麼。最後我在手踝、腳踝、肌肉、水分這幾個地方加上了小插圖，因為我覺得腳踝、手踝和肌肉是比較容易受傷的部位，所以加上小插圖強調；另外水分是非常重要的，不管有沒有運動都要多補充，運動完更應該喝水，把失去的水分補回來。

畫完這張心智圖讓我發覺到，如果真的要運動，一定要特別小心自己的安全，而且運動前的暖身也非常重要，身體暖了，比較不容易受傷，水分也要經常補充，這樣才能開開心心的去運動！

【孫易新老師點評】

云彤雖然只是國中一年級的學生，但已經具備了風險管理的概念，她將自己喜愛的運動，以心智圖整理出預防運動傷害的應對措施。在第一階主要主題的分類上，她以運動的時間順序區分為運動前、運動時、運動後，提醒自己在不同階段應該注意的事項，這對於一個運動選手而言，是一種很有意義的分類方式，其他類似工作執行過程中應注意的事項，也可參酌這種依時間順序的分類方式。

同時，她在不同類別之間有關聯性的事項，例如「運動時」與「運動後」都需要補充水分，以網狀脈絡的關連線來表示，這點也是值得大家學習的心智圖法關鍵技巧之一。

了解運動該注意的事項之後，接下來要如何運動才是正確方式呢？是找教練指導，還是透過教學影片引導學習？當然有教練在一旁指導是最好的，但忙碌的工商社會，我們恐怕很難安排出固定時

段上健身房，看教學影片跟著運動是常見的方式。但大家真的有看懂嗎？有辦法邊看邊練習嗎？我們一起來瞧瞧山東濟南的一位小學老師，她是怎麼應用心智圖掌握運動健身的操作技巧！

健身塑形影片教程 ▶ ▶ ▶

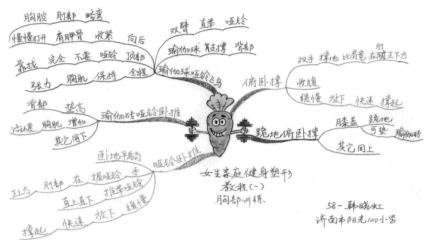

◆ 圖 2-5b-1 健身塑形影片教程～初稿

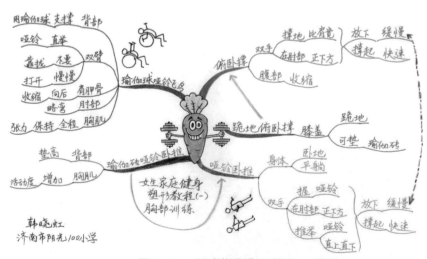

◆ 圖 2-5b-2 健身塑形影片教程～完稿

韓曉虹
濟南市陽光 100 小學教師
山東思維導圖法種子教師培訓班結業（2017 年）

　　我不是愛運動的人，但是最近幾年感覺身體素質每況愈下，遂決定利用寒假時間活動一下筋骨，可又懶得去健身房，於是就在網路電視裡找到了這套《女生家庭健身塑形教程》。全套影片一共有 7 集，分別講授胸、肩、背、臂、腿、臀、腹肌的訓練動作，每集介紹 3 至 5 個動作，大約 8 分鐘，片頭加片尾差不多 3 分鐘左右。我第一遍看完影片感覺很好，可以學著做，但回憶一下卻沒記住幾個動作。我連著看了三遍，還是沒記全，更別提動作要領跟細節。而動作不合規範，不但達不到健身效果，還容易受傷，所以我運用心智圖法幫助我記住這些健身動作。

　　各位現在看到的這張心智圖（圖 2-5b-2）是修正後的版本。原先我的心智圖（圖 2-5b-1）大致是這樣的：

　　首先，畫一幅吸人眼球的中心圖。橙色的胡蘿蔔頂著一頭翠綠色的葉子，明亮的眼睛，燦爛的笑容，舉著巨大的啞鈴，突出健身的主題。

　　接著，畫第一階主幹（主要主題）。第一集〈胸部訓練〉共講授了 5 個動作，每個動作一條分支，從一點鐘方向開始，按順時針方向均勻分布於中心圖的周圍。「俯臥撐（伏地挺身）」與「跪地俯臥撐」屬於同一動作的不同變化，都選用紅色系；「啞鈴臥推」與「瑜伽磚啞鈴臥推」採用綠色系。最後，畫每個主題之下的具體內容，大致按照準備姿勢、動作要領、注意事項來選取關鍵字，接著畫出第二階的分支主題。

　　孫老師看過之後給出的評價是：主題很好，但邏輯結構不夠清

晰。建議每個動作的第二階分支主題可以是身體部位名稱，第三階分支主題是這個身體部位的動作要領或擺放位置、感覺等。「緩慢放下，快速撐起」是整個動作的注意事項，要利用收斂符號標注在第三階分支主題的後面。

孫老師的指導讓我豁然開朗，馬上重新畫。我非常喜歡胡蘿蔔健康、陽光、正能量的形象，仍然用它伸展雙臂、手握啞鈴的圖像當作中心圖。

接著畫樹狀結構。每個線條也仍然用原來的顏色。紅色提醒我要堅持做，不能偷懶；綠色提示我控制好呼吸和節奏，緩慢放下，快速撐起；藍色暗示我控制好身體，用心感受胸肌的張力。

然後畫網狀脈絡。第一張（圖 2-5b-1）中「跪地俯臥撐」的其他同上和「瑜伽磚啞鈴臥推」的其他同下，在第二張（圖 2-5b-2）中都改成以關連線的方式來表示重複性。因為這兩處都聯繫緊密，所以用了實線。跪地俯臥撐指向俯臥撐，瑜伽磚啞鈴臥推指向啞鈴臥推。兩處「緩慢放下，快速撐起」用雙箭頭虛線連接。最後，在「啞鈴臥推」和「瑜伽球啞鈴飛鳥」這兩處加上小火柴人圖像，強調動作要合乎規範。

我把這張畫好的心智圖貼在牆上，覺得看著它比看影片方便很多，不用快進跳過片頭，也不用聽教練嘮嘮叨叨，只要看著它就能回想起影片中教練的示範動作，可見看心智圖健身，能使自己的大腦和身體都迅速進入狀態。

透過畫心智圖，使我對影片中的健身動作有了更深刻的理解。健身並不是啞鈴的重量越重越好，也不是動作幅度大、速度快，更不是要用多大力氣、使多大勁，而是在做動作的過程中，集中注意力感受肌肉的縮緊和拉伸，同時重視節奏，配合呼吸。這些對我來

說，真是意想不到的領悟。

【孫易新老師點評】

不受時空限制的線上學習課程，已成為忙碌的現代人終身學習的重要選項之一。但是，看完之後吸收程度有多少？你有多少時間可以將教學影片重新看一遍？相信大家都會出現跟曉虹一樣的困擾，特別是技巧的操作教學。

過去不少人認為心智圖適合整理靜態的知識，對於動態的知識或技能的操作會有很大的限制。這其實是心智圖法很嚴重的誤區之一，也就是僅停留在那張固定的「圖」上面，而忽略了心智圖「法」是一個動態的過程。

我們可以先將教學影片中所闡述的內容，依據內容的特徵屬性或目的性，先進行知識的整理；接下來在實踐過程中，可以持續在心智圖當中補充相關知識點，或自己的心得體悟。

曉虹這張心智圖就是做到初步針對教學影片內容的整理，雖然對自己的學習有很大的幫助，但是，接著應將健身塑形練習時所獲得的靈感或體悟，增補到貼在牆上這張心智圖之中，這樣做不僅能更加體會心智圖法的功能，對自己的學習有更多幫助，也符合心智圖法的本質意義。

運動的目的當然是讓身體更健康，但光靠運動是不夠的，還得從飲食著手，並訂出明確的目標，也就是要把運動養生當作是一個專案來規劃執行。接下來這個案例，是一位以心智圖法規劃執行過無數個大小專案的企業經理，為自己的健康所做出的減重規劃。

減重規劃 ▶ ▶ ▶

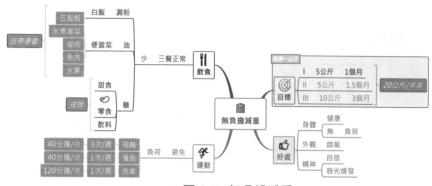

◆ 圖 2-5c 無負擔減重

M i n d M a p p e r

卓克羽

科技公司專案經理

孫易新心智圖法講師班 27 期結業（2015 年）

　　身上的肥肉從退伍後慢慢的增加，一發不可收拾，除了褲子套不進去之外，也開始感覺連衣服也穿不下了！

　　以往也曾有過減重的念頭，但總是沒有進一步規劃，這次總算下定決心，利用心智圖好好規劃我的【無負擔減重】。

　　要建立一個習慣其實不容易，如果一開始就做激烈的改變，恐怕會維持不久，所以這次的減重計畫著重於不要大幅改變，以及培養新的習慣，以利計畫順利執行。因此，在心智圖主幹上的幾個主要主題，我列出了明確的「目標」、帶來的「好處」，以及思考從「飲食」與「運動」著手進行。

　　開頭建立的目標非常重要！原本將目標設定為減重 20 公斤，但相信大多數的人看到這個數字還沒開始就先放棄了，所以我將目

標拆解為三個階段，在第一階段只要減重5公斤，這樣做的好處是壓力沒那麼大，而這個階段首要目標是習慣的養成，藉由一個短期里程碑的達陣，對於後面階段也能比較順利的進行。在這個主題的線條，我以紅色表示目標的重要性，將第一階段的文字使用粗體標示，凸顯其重要性，並將其他階段先以灰色淡化，以專注於第一階段，然後用外框框住整個「目標」這一類別的所有內容，標注每週目標的相關數字信息。

在減重的過程中，往往會遇到挫折，使用心智圖法腦力激盪，將減重的好處列出，可以在灰心時重新檢視，帶來持續向前的力量。所以在這張心智圖當中，好處這個關鍵字我使用綠色字、加上黃色底代表積極進取的意思。

接下來運動的部分，在心智圖中線條與關鍵字的顏色，我以橘色表示熱情與激勵，首要出發點是不要有太大的負擔，造成無法持續，因此只加強日常已經在做的運動，並規律地進行。

飲食的部分以藍色表示冷靜，因為身為一個美食愛好者，面對美食往往會有很大的衝動，所以採用代表理性與冷靜的藍色來提醒自己，必須保持三餐正常飲食，最主要的改變以少澱粉、少油、少糖為出發。洋芋片其實是最大的罩門，加入插圖，表示這個零食是需要特別提醒。在運動與飲食的分支主題部分，以綠色表示後續的執行方案，檢視整張心智圖時，可以一目了然知道該採取的行動為何，並將這些行動規劃加入一週行事曆。

藉由心智圖法，可以將我的目標明確化，在繪製過程思考以最小的改變達到最大的效益，探索出現在的問題以及針對問題最佳的解決方案，並且在往後的檢視中提醒自己還有哪些該注意或是未達成的項目。

繪製心智圖可以採用手繪方式，也可以使用電腦軟體來整理，各有其優點與限制。對於需要激發更多的創意、應用在跳躍式創新，以及強化內容記憶時，以手繪心智圖較能達到效果；但整理大量資料，或在既有基礎之上進行調整改進，軟體的應用可以讓效率更好。

以克羽的這個案例來說，純粹是在既定模式之下去規劃自己的行動方針，由於內容並不多，要用手繪方式亦可，軟體的好處是在構思內容時，可以先不用太在乎關鍵字之間的邏輯結構，只要有想法出現，就先依據大致的架構去整理，之後再調整成更合乎需求的邏輯分類與順序。

因此，在這張心智圖當中，有幾個地方可以在列出初步想法後繼續予以完善。例如，右下方「好處」之下可調整成外觀與內在，「外觀」之下接帥氣與精神，「精神」之下接自信、容光煥發；而「內在」之下接身體等。如果後來覺得「精神」應該是屬於「內在」，那麼以軟體繪製心智圖的方便性就出現了，只要搬移即可。

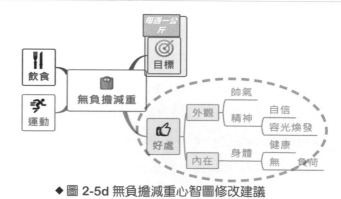

◆ 圖 2-5d 無負擔減重心智圖修改建議

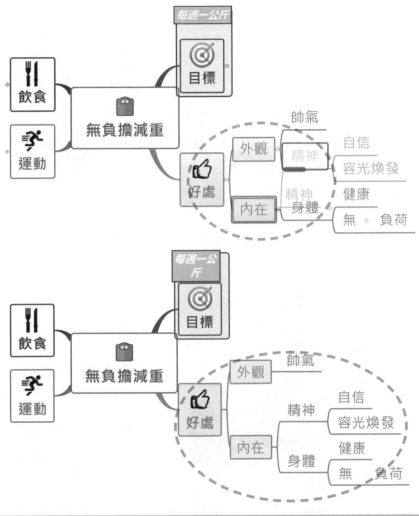

每週一公斤

目標

飲食

運動

無負擔減重

好處

外觀 ── 帥氣

精神 ── 自信 ── 容光煥發

內在 ── 身體 ── 健康 ── 無 負荷

※ 延伸應用：增重計畫、身心靈修煉、慢性病預防與治療

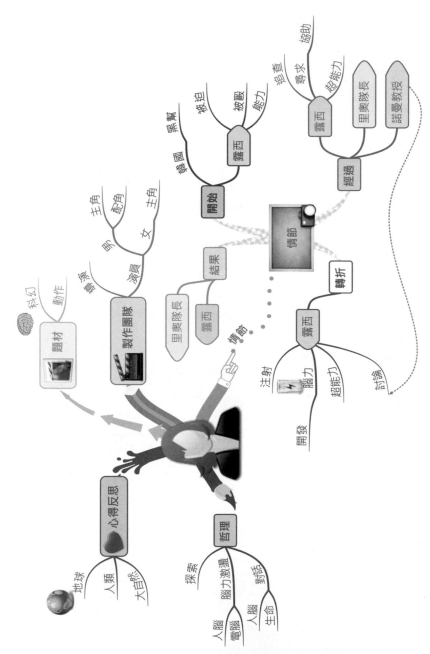

◆ 圖 2-6a 電影讀書會導讀心智圖：露西

6 ▸ 欣賞電影收穫多

Part
1
初學20問

Part
2
個人成長

Part
3
家庭生活

Part
4
職場工作

　　電影是一門綜合的藝術，功能更是多元化，包括呈現事實真相的紀錄片之外，劇情片還有娛樂與教育的功能。當我們在欣賞一部電影的時候，除了紓解壓力、打發時間，要怎麼做才能進一步發揮教育功能呢？

　　我相信從越來越多電影讀書會的舉辦，足可窺知看電影也是一種學習的管道與型態。2001 年我在《心智圖法基礎篇：多元知識管理系統 1》這本書中分享了一張電影劇情與心得感想的心智圖之後，就曾在當時引起了不少讀書會帶領人的注意，往後**不論是導讀一本書，或是一部影片，以一張心智圖讓大家對於即將探索的議題預先有個思考方向，就好比是學習的心錨，讓我們在過程中可以關注在重點事項上。**前面 80 頁這張心智圖（圖 2-6a），就是《露西》這部片子在電影讀書會前的導覽。

　　此外，電影劇情也常是三五好友相聚時的話題，在我們看完一部電影，情緒澎湃，感動不已，想跟朋友分享劇情的時候，你希望是講得零零落落，還是有條有理呢？

　　請翻頁看後面那張《怪獸與牠們的產地》的劇情內容心智圖（圖 2-6b），不論你是否曾經看過這部電影，從這張心智圖當中你看到哪些重點了呢？

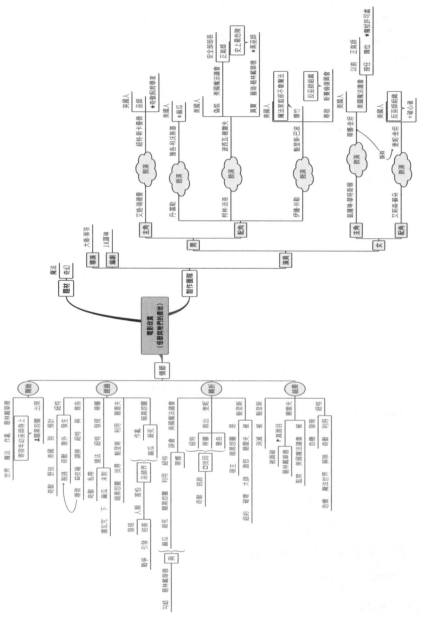

◆ 圖 2-6b 電影劇情分享：怪獸與牠們的產地

蔡舜涵
浩域企業管理顧問股份有限公司課程顧問
孫易新心智圖法講師班 29 期結業（2016 年）

我是一個熱愛閱讀也喜歡與人分享故事的人，偏偏許多長篇故事的劇情人物都非常複雜、繁瑣，光是表達人物與人物間的關係，就會耗費很多力氣與時間，講了許久，對方也未必知道你的意思。尤其魔法世界的故事更是複雜，許多劇情涵蓋大量的背景知識，堆疊交錯的關係連介紹都困難。正逢假日，與朋友一同觀賞我新買的DVD《怪獸與牠們的產地》，身為一個魔法世界迷，一定要好好跟朋友介紹一下這部電影！

故事性的小說、電影，都可以依照劇情與敘述，分為起、承、轉、合，或是故事的開始、經過、結果，做為心智圖主幹線條上主要主題的分類依據，但是我在《怪獸與牠們的產地》特別把「演員」也放進主要主題「製作團隊」之下，自成一個中類。這是因為當故事內容相對複雜，且人物很多的時候，如果一開始沒有讓閱讀的人掌握故事中的主要角色，後續還要去了解劇情走向，對於理解整體劇情會很困難，也很容易搞不清楚事情到底是誰做的，以及他為什麼要做這件事情。就像許多小說，翻開第一頁，往往不是第一章，而是人物介紹，是同樣的道理。「情節」的撰寫，則因電影《怪獸與牠們的產地》裡面有轉折的劇情出現，而採用開始、經過、轉折、結果的方式分類，並依照人物出場順序與事件發生的先後去繪製心智圖。

運用心智圖介紹一部電影，可以簡潔且清晰的掌握全貌，過往條列式的線性記錄方式，無法就人物之間的關係多加表示，僅能

用文字敘述，很容易造成誤會，加上一個故事的敘事本來就很難以單線進行，因此，心智圖法這種見林也見樹的表現方式，相對就會顯得清楚明瞭，讓我在跟朋友分享一部電影的劇情時，生動活潑之餘，也不失其系統性。

【孫易新老師點評】

在知識的分類敘述上，心智圖法強調同一位階的類別概念必須是同一個階層屬性。我們看到舜涵在這張心智圖當中，邏輯結構上算是不錯的。例如「製作團隊」這一主題之下分為導演、編劇、演員，「演員」又分男、女，其下再分為主角、配角，接著是各個人名等。

心智圖法還有一個重要的操作原則，就是插圖的使用。舜涵原本在這張心智圖當中，她認為重要的地方都加上了插圖，但她的插圖是從網路上介紹這部影片相關網站去下載的。一般而言，圖片都是有版權的，本書是公開發行的出版品，使用未經所有權人同意的圖片恐怕不適當。因此，我建議她把插圖全部刪除，改以小圖標表示。

※ 延伸應用：戲劇欣賞、音樂賞析

Part
1
初學20問

Part
2

個人成長

Pa
3
家庭生活

Pa
4
職場工作

應用 7 ▶ 學習計畫好周詳

　　功課好多，寫不完！這是許多中小學生的痛點；而無法準時畢業，拿不到學位，則是許多大學生、研究生的無奈。

　　原因當然很多，沒有做學習計畫的習慣就是其一。

　　從小依照老師的指派，在指定時間內完成指定的作業，空檔不是去補習班加強學科，就是被安排去上才藝班、興趣課。孩子們長期在這種被動狀況下學習，不用動腦筋思考要學什麼？該如何學習效果比較好？不僅無法享受學習的樂趣，一旦離開學校，恐怕就很難再重拾課本。

　　我小時候念書也是苦於功課寫不完，但我卻能在美國拿到一個碩士學位、臺灣兩個碩士和一個博士學位，而且快樂得不得了。轉折點是什麼？除了我會用心智圖整理讀書筆記之外，還有一個秘訣就是做好讀書學習計畫。

　　例如考上臺灣師範大學博士班的時候，我就以心智圖列出畢業需要達成的幾個主要標準總覽圖，然後根據每個標準再展開一張較詳細的心智圖（例如「學分」），並依自己的期望與能力，標上預計完成的學期時間點。有夢當然最美，但有計畫才能落實，也因為有了心智圖做為求學期間的基本架構，讓我逐步詳細規劃每一學期的學習進度，才能順利在五年的期間拿到博士學位。

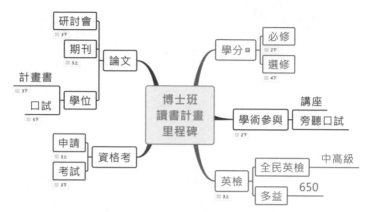

◆ 圖 2-7a-1 博士班讀書計畫里程碑：總覽

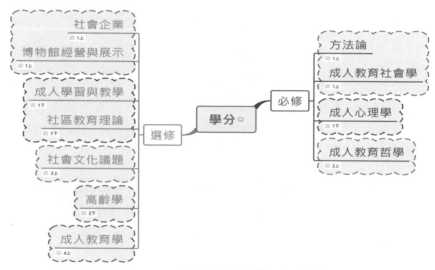

◆ 圖 2-7a-2 博士班讀書計畫里程碑：修學分

在【學分】這張心智圖當中，雖然是平面的圖，但我呈現出立體（3D）思維的概念，也就是課程的必修、選修，以及修課的時間表。我所應用到的技巧就是色彩。必修學分是紅色，代表很重要；給人舒服感覺的綠色，用它代表選修學分，意思就是輕鬆地選一些自己有興趣的科目。你應該會注意到，這張心智圖在分支主題上還

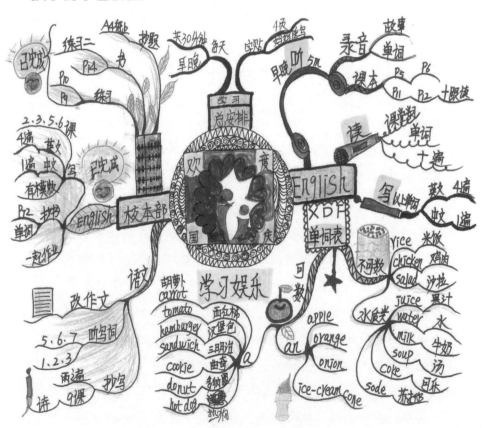

加了不同顏色的外框，海闊天空的藍色代表一年級上學期，高貴的紫色代表一年級下學期，溫暖的橙色代表二年級上學期，有點憂鬱的藍灰色代表二年級下學期。

　　像這樣類型的學習計畫也可應用到日常生活中每月、每週的學習。接著這個案例是一個媽媽陪伴孩子一起規劃連續假期學習計畫的心智圖，相信這是很多家長關心的，也希望大家不妨試試看！

孩子的學習計畫 ▶ ▶ ▶

◆ 圖 2-7b 孩子的學習計畫

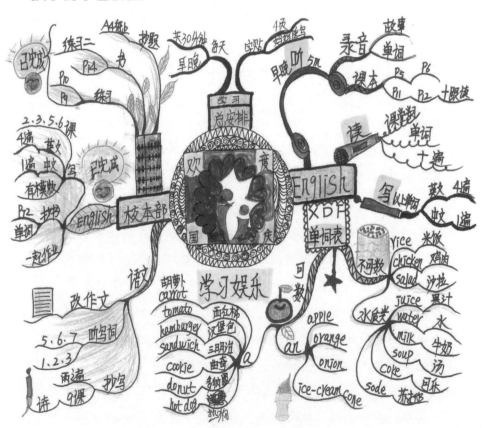

吳珊珊（珊妮）

心智圖法技能傳播者

孫易新心智圖法職場應用基礎班（2017 年）

孩子的作業平時都是他自己獨力完成，到了三年級，碰到他人生學習的第一次障礙，就是鋼筆字寫不好，而且明顯感受到他心裡已經有挫敗感。加上連續假期，每個老師都交代了不少作業，面對這些問題，我與孩子決定用心智圖做一個梳理。

首先，在中心圖上畫兩個綠色的人，代表媽媽與孩子；周圍再畫上好多好多的愛心，讓我們的假期充滿溫暖和愛；將心注入，希望這段時間是遼闊的，所以在心的圖形外再畫了一片蔚藍。從中心圖上我們可以看到：圖像顏色在三色以上，且貼近主題，充分代表了中心思想。

第二，製作內容與分類。學習的內容有語文、數學、英語，而英語又分為校外和校內的。按照這個內容，我們可以畫成四個分類。校外的英語是老師直接發在微信，為了讓孩子方便攜帶，不用拿出電子產品，於是就決定讓需要學習的內容都在這個心智圖中呈現。這樣一來，我們發現將內容變成兩個分類會更好，即校內和校外。歸類清楚，內容也就不會凌亂，可以清晰的呈現在面前。

於是我們把整張圖用預判方式分成兩個分類，校內與校外。根據心智圖的閱讀習慣，從右邊一點鐘方向出發，順時針旋轉，所以我們先畫右邊，安排畫上校外內容，包括聽、讀、寫，並且以相關聯的耳機、麥克風與毛筆來強化印象。

在整個樹狀結構說明分類內容的總結，必須要做到以上統下，同時充分代表分類的中心思想；而在繪製技巧呈現上，線條則要由

粗到細，自然彎曲，下一線條是從上一線條的頂尖部位出發，且一線一個關鍵字。

接下來我們繼續製作校內作業部分。

由於校內的作業是語文、數學、英語，我們將它們在校本部的分類下再分成三個分支展開。第一個分支「語文」，其下延伸出抄寫、聽寫詞、改作文三個次級內容；第二個分支「英語」，我們用了創意畫法，孩子覺得英語是一片綠色的葉子，就畫了片葉子做分支；第三個分支「數學」，則是畫了一個算盤做為分支，後來發現那個算盤看起來更像一個長方形花器，我和孩子不禁哈哈大笑。一起下筆玩創意，親子就擁有了快樂時光。

就這樣，假期 7 天作業整個呈現在一張紙上了。你可以從中觀察到，每個線條上面都只有一個短短的關鍵字，或者只有一個關鍵圖。為了便於記憶，我們用關鍵字或關鍵圖呈現，的確是心智圖的妙處。在寫關鍵字時，大大節約了時間；而關鍵圖的呈現，又增加了圖形的美感和下筆時的愉悅心情。從整張心智圖我們看到它的五大元素是由中心圖、分類線條、關鍵字、關鍵圖和顏色組成。

好了，長假有關學習內容的心智圖都畫完了，孩子開心的說：「哇，好美噢！我的作業已經剩下不多啦！」我說：「那讓我們再來檢查看看這張心智圖有什麼不足的地方需要補充吧。」這時候孩子說，還有他的弱項在這個圖上沒有展示。我知道他指的是練習字帖的事情，就跟孩子說：「來，看媽媽怎麼變身。」

中心圖的上方不是還有一片空白嘛，所謂留白天地寬呀，這時我們就可以在這個地方補充一些內容。於是我們增加了一個分類，叫做「學習總安排」，加在中心圖上方那片領地。在這個總安排下面畫出兩個次級分支：一個是每天總學習時間，畫完心智圖之後，

發現作業其實很少，每天只要學習 30 分鐘，其他時間全是自由安排；二是每天增加一個作業，臨摹鋼筆字。哇，這個連假真是爽歪歪，想累得半死不活的度過一個「充實的」假期都不可能哦。

有一天就在我們出門的時候，把這張心智圖順手往進門的牆邊一貼。只是這樣一個小小的舉動，沒想到孩子在出門換鞋時，居然把圖上的單字又複習了一遍。從外面回到家，進門就一目了然的瞧見那個沒有畫笑臉的區域，他洗完手便去補充學習。我感到，繪製這張學習計畫的心智圖，是這個十一假期最明智的決定。

【孫易新老師點評】

心智圖法是提升思考能力與學習能力的方法，這方法主要的工具是心智圖。珊妮充分發揮了心智圖法的效能，也讓心智圖展現出它的方便性與實用性。

我常遇到不少人畫出許多好漂亮的心智圖，但對他生活的幫助，除了感受畫圖的樂趣與成就感之外，實質的效益卻很有限，甚至沒啥幫助。但是，珊妮透過這張心智圖，不僅在畫出美美心智圖的過程中增進親子關係，更重要的是達到心智圖法的主要目的，也就是「解決問題」。珊妮解決了孩子十一長假期間學校功課的問題，並且讓孩子養成做學習計畫與主動學習的習慣。

在她的說明中，珊妮詳細的為大家解說她和孩子思考的過程與繪製心智圖的方式，相信對大家會有很大的啟發與幫助。在此我也藉由這張心智圖補充一些初學者常見的問題，以及可以精進的地方。

首先是分類。既然一開始就能清晰梳理出所有的作業，可分成校內與校外兩大類，那麼從中心主題所展開的第一階概念用

「English」與「校本部」就不太恰當，如果採用「校內（校本部）」與「校外」會更好，這就是在分類的邏輯結構中，要求同一階層其類別名稱必須是同一個階層屬性。其實我也曾經聽到有人說，心智圖是你自己在用的，自己看懂就好，何必管這一大堆規定。如果你要這麼認為，我也沒意見，但若是想要更精進強化自己的邏輯思維，以及激發出更多的創意，你不妨參考一下我的建議，因為我的重點在於指導心智圖「法」，而不是「畫」心智圖。

接著是顏色的應用。如果希望透過色彩的情緒感受激發出更多的創意、幫助我們記憶心智圖的內容，那麼在繪製線條與書寫文字時，最好採用能代表那個主題（或類別）感受性的顏色。我們從珊妮這張心智圖可以看出，一開始全部是以黑色筆來畫線條、寫文字，有些線條看起來加了些色彩，但那應該是事後補上顏色的，只是把心智圖裝點得好看一點，色彩在思考的過程卻是起不了作用的。透過美化心智圖的線條，可增進對線條上關鍵字的記憶，這點是沒有錯，但這張心智圖主要功能是在構思學習計畫，在繪製心智圖筆記的過程中，創意的激發與縝密的思考是重點。因此，讓帶有情緒感受的顏色融入思考與繪製心智圖的過程吧！

最後小小的溫馨提醒，當寫錯字的時候，不要塗成黑黑的一團，例如這張心智圖正下方就出現這種小瑕疵。其實只要在錯字上畫一條斜線，代表這是錯字，然後在旁邊寫上正確的文字即可。

當然，如果面對的是嚴謹的評核，且要見到可行性，例如報考研究所的研讀計畫，不僅不能太簡略，也不宜太繁瑣，重點是不能瞎掰。這時的心智圖內容該怎麼做呢？我以 2017 年錄取淡江大學教育科技碩士班的一個實際案例與大家分享。

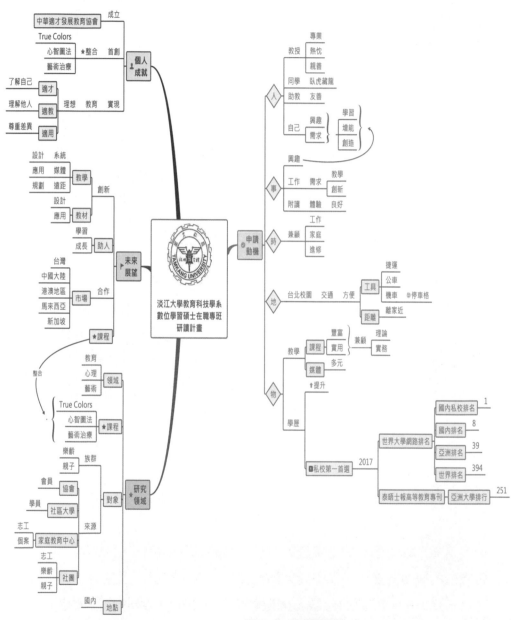

◆ 圖 2-7c 研讀計畫

洪湘庭

親子教育工作者

孫易新心智圖法講師班 27 期結業（2015 年）

今年為了報考淡江大學教育科技研究所的數位學習碩士在職專班，應學校的要求，首次向我的恩師們拜託撰寫入學推薦函。由於我的個性是不輕易向人求助，所以讓我小有壓力，變得格外有使命感，更誇下海口說：「我一定要高分上榜，不辱師恩！」

於是在入學考試第一關，準備書審資料時，依照學校規定要寫一篇研讀計畫，我心中便想著：「我一定要與眾不同，在評審教授們的第一眼、第一印象就達到加分標準！更要善用我的專長與特質，凸顯我的獨一無二、出類拔萃！」既然我身為心智圖法教學講師，使用心智圖不但能呈現我的專業與獨特性，又可以有效抓住視覺焦點，一定能夠擄獲評審教授們的目光。因此，我的第一步就是確定採用心智圖呈現我的研讀計畫！這是我人生中第一次寫研讀計畫，也是首次使用心智圖法構思研讀計畫。我的做法是先整理出一張研讀計畫的心智圖，再透過這張圖寫出一整篇的研讀計畫報告書，這就像用心智圖構思作文一樣輕鬆、快速、精準確實！

我整理 92 頁這張【研讀計畫】心智圖（圖 2-7c）的步驟是：

1. 依學校列出的研讀計畫基本要求項目，做為我的研讀計畫心智圖的四大主幹，包括申請動機、研究領域、未來展望、個人成就四大項目。

2. 從每個大項目（四大主幹）再去細想個別的支幹分支。以「申請動機」為例，我把它分成人、事、時、地、物這五個次項（支幹）來陳述，分別寫出關於「人」有哪些因素造成我的申請動機、關於

93

「事」有哪些因素影響我的申請動機、關於「時間」有哪些因素促成我的申請動機、關於「地點」導致我有申請動機的因素、關於「物」有哪些促使我有申請動機的因素。

3. 繼續順著支幹去發展分支，過程中掌握住關鍵字的原則。

在這張研讀計畫心智圖的顏色應用上，我選擇了四種不同的顏色區分「申請動機」、「研究領域」、「未來展望」、「個人成就」這四大部分，每一個色彩的選擇都有我個人賦予的意義連結。

申請動機，我選擇用綠色，因為我覺得申請動機是一件事情的開端，而綠色給我的感覺就是一種代表開始、生命力的色彩。

研究領域，我選擇用藍色，因為藍色是一般大眾覺得代表專業的色彩，給人冷靜、深沉、專業的感受，並可聯想到研究。

未來展望，我選擇用紅色，代表積極熱忱、活力充沛、充滿希望、熱情熱血，因為我覺得未來是充滿希望、懷抱熱忱、勇敢向前的感覺。

個人成就，我選擇用紫色，因為紫色是人類可視色彩的最高層，意味著崇高精神與理想，我覺得紫色可以代表我的理想、理念實現、個人成就。

在我自認為重要的地方加上小圖標，例如加上星號。因為在心智圖中加上小圖，會更吸引目光注意，也是標示重點的方式。

在繪製心智圖的過程中，要注意盡可能符合心智圖的繪製原則、流暢度、邏輯性，確保評審教授們能輕易閱讀與了解，才能收效、獲取高分。

在完成整張研讀計畫的心智圖之後，這張心智圖其實就是我要寫的研讀計畫報告文章的架構，有了這副扎實的骨架（心智圖），開始延伸發展肉與皮（文章），這種寫作方式格外輕鬆、快速，精實、

完整且富有結構性，搭配心智圖的呈現，更加令人易讀又難忘。

　　這張研讀計畫心智圖帶給我的幫助，不外乎是讓我用少少的時間輕鬆快速做出清楚明確又精準的研讀計畫，架構完整、內容切題，不傷評審教授們的眼睛和腦筋。畢竟他們要看很多考生的研讀計畫、時間也相當有限，我必須在最短的時間內讓評審教授們看到重點、看到亮點、看到我的與眾不同、看到我的專業，而使用心智圖讓評審教授們輕鬆閱讀與理解，更讓我輕輕鬆鬆高分上榜！

【孫易新老師點評】

　　　　　　　　　　不少心智圖法的愛好者常有一個困惑，就是知道心智圖法對我們一定是有幫助的，但自己在使用時，畫好中心主題圖像之後就卡住了，不知如何展開第一階層的主要主題，抓不到該從哪些方向去思考這件事。

　　其實這和一個人的背景知識，亦即與他的生活經驗、知識積累之後所建立的認知基模是有關聯的，這也是教育心理學家皮亞傑（Jean Piaget）所指稱人類吸收知識的基本架構。例如構思活動，我們會從 5W2H 這七個方向去思考；閱讀一篇故事，會從開始、經過、結束去了解劇情的發展，或從人、事、時、地、物去掌握關鍵重點；撰寫一篇論文，我會毫不猶豫地從代表中心主題的論文題目，展開緒論、文獻探討、研究方法、結果與討論、結論與建議等五大主要主題，因為這是我撰寫過數篇學位論文之後，深植在腦海的一種論文寫作基本架構。

　　而這就是為什麼我一直強調只有心智圖這個工具是不夠的，還必須依目的性結合許多不同的管理工具、學習策略或思考模式等，

才能真正對提升思考力與學習力有所幫助。

　　湘庭在構思她的研讀計畫時，從中心展開的四個方向即是學校要求寫作的四大主題，這是一種非常好的選擇，值得大家跟她模仿學習。因為評審想從這幾個方向來了解考生，我們就從這幾個議題去發揮創意，但又不至於離題，這是一種在既有的基礎或架構上去完善的漸進式創新，而不要隨意列出一些自己想表達，但評審不一定想知道的事情。

　　這張心智圖在邏輯分類上做得很好，不僅是第一階層的主要主題，第二、第三階層的分支主題，就是中類、小類的層級上，也都值得大家參考學習，這就是心智圖「法」的重要功能之一：「層次分明的思考模式」。

　　不過我也發現這張心智圖當中，有些小地方還可以做得更好。例如右下方從「世界大學–網路排名」以下的資訊，如果將具有相同概念的關鍵字整合在一起，會顯得更有系統性。

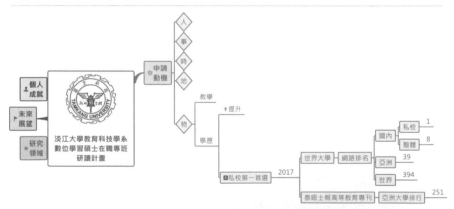

◆ 圖 2-7d 研究所進修計畫心智圖修改建議

※ 延伸應用：學習樂器的計畫、學習運動項目的計畫、準備證照考試的計畫

Part
1
初學20問

Part
2
個人成長

Part
3
家庭生活

Part
4
職場工作

　　希臘哲學家亞里斯多德曾經說過，思考事情時，透過視覺化的形式，可以讓想法源源不絕的展開。

　　而從過去歷代傑出人士的手稿當中，亦可發現大量使用到圖像或組織圖表，例如達文西、達爾文等。

　　近幾年來，視覺圖像記錄也在海峽兩岸逐漸蔚為風氣。由於**心智圖法強調簡潔的關鍵字、邏輯分類與因果關係的組織圖表、充滿情緒感受的色彩，以及凸顯重要概念的圖像**，因此頗受到視覺圖像記錄師的青睞。

　　我在之前所出版《心智圖法理論與應用》書中即明白指出，心智圖法的主要工具是英國東尼‧博贊（Tony Buzan）所提出的心智圖，但也可因應實際的需要採取其他的組織圖或圖像、符號來呈現我們腦中的思維。

　　例如在擴散思考時，可採用曼陀羅法的九宮格、蓮花圖；在分析想法之間的關係時，可採用概念圖；如果要說明過程的話，則可以採用流程圖等。

　　接下來，讓我們繼續以實際案例來瞧瞧，在心智圖當中融入大量的塗鴉，會帶給我們哪些意想不到的好處。真的透過視覺化的表現形式，可以刺激腦力全開？

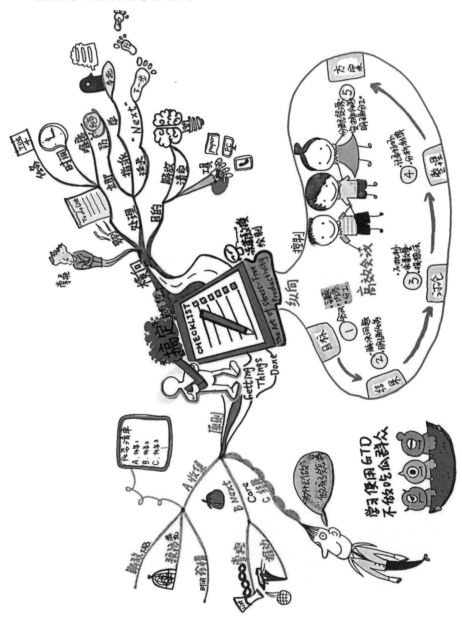

◆ 圖 2-8 在心智圖中「塗畫」，啟動視覺思考力

王蓉琦（凍菌）

心智圖法專業講師

孫易新心智圖法講師班 34 期結業（2017 年）

對於很多剛接觸心智圖的人而言，總是誤認為手繪心智圖需要會畫畫才能夠完成。而我身邊有太多的朋友，因為豐富的色彩和有趣的圖畫開始對心智圖感興趣，卻也因對畫畫的望塵莫及，而不得不打消精進學習心智圖的念頭，更甚者帶著對心智圖圖像呈現的誤解，拒絕學習這樣一項高效有趣的筆記工具。

在心智圖中應用圖像的技法，與其說是畫畫，不如解釋為「視覺語言的表達」更為準確。由於我們絕大多數人並沒有在學校得到在視覺語言表達上充分的教育，加上家裡如果沒有人喜好畫畫，又或者在工作中很少應用到視覺語言，難免就會對「畫畫」產生很大的誤解。比如將「畫畫」，準確來說是「塗鴉」，與「藝術畫作」創造等同。那麼，我們帶著這樣的誤解或是「視覺表達一文不值」的成見進行心智圖的學習，就難免心生挫敗和排斥，為自己的學習認知和更迭帶來負面影響。

倒轉時光，回憶一下我們的童年吧！絕大多數的孩子都很樂於塗塗畫畫，在我的課上，很多學生常在拾起畫筆隨便塗抹之後，告訴我，畫一畫讓人覺得很放鬆，畫著畫著還真有那麼一點上癮的感覺。其實「塗畫」會讓我們快樂，因為它是我們與生俱來的一種能力，在沒有發明文字以前，我們的祖先為了溝通表達，最先開始應用的就是畫畫。因此，當我們喚醒這項能力時，就像重新找回了身體中那個開心純真的自己。

相對於心智圖筆記術，孫老師提出了心智圖法。在這個「法」

中，我們運用的圖像不再局限於常見的圖形、符號或藝術字，通過靈活應用可視化的組織結構，如流程圖、概念圖、樹狀圖、魚骨圖、九宮格等加以輔助，便讓心智圖法的呈現更能體現出我們的心智程序，讓我們在記錄知識時，無論是面對有邏輯性的分類結構、因果關係或無邏輯性的自由聯想，都變得更加自如。

下面就以我閱讀學習戴維・艾倫《搞定》一書的手繪心智圖為例，談談我是怎麼透過在心智圖進行視覺呈現練習，進而啟動自己的視覺思考力。

首先，我根據書名《搞定》聯想到清單檢查表（checklist），將其確定為中心圖主圖後，為表達 getting things done 這個動態過程，左邊加繪了一個簡筆卡通人抱著代表「完成」的紅勾走向清單檢查表。

其次，按照書中三個主要內容：橫向整理任務、縱向管理項目以及三個關鍵原則，將心智圖的主幹分別確定為橫向、縱向和原則。在繪製「橫向」主幹時，以一條通暢的道路上站著一個雙手環抱胸前、讓人感受到掌握一切的卡通人，表達面對整理任務時的從容心態；同時在「原則」這個主幹，用一條道路中包含一條藍色線路來表達原則感。

再次，因縱向管理項目是以開會為例，於是我畫出了一個類似圓桌的圖形，然後根據「確定目標和原則」、「展望結果」、「腦力激盪」、「組織整理」和「明確行動方案」的流程，按照椅子擺放順序分五個步驟呈現，並將每一步驟關鍵點呈現在序號旁。

最後，將橫向支幹上的任務清單羅列，用文字「羅列」＋圖形「清單」呈現；將下一步行動用「行走的腳掌」來表現；用「一隻手握著象徵工具的齒輪圖形」和「手背後心形的背景圖」表達使用

Part
1
初學20問

Part
2
個人成長

Part
3
家庭生活

Part
4
職場工作

紙質清單、電腦文檔和手機軟體等極少數的儲存工具，以避免耗費心力。

在縱向支幹上畫出「三個手牽手的卡通人」，代表明確任務後帶來愉快高效的合作。

在原則支幹上用「鏈條扣住清單」代表掌控，用「一隻腳要踢球」表達推動，用「一個微笑的卡通人在思考為什麼要做、如果做成了會怎麼樣」來表達學會關注結果。

每一個人都可以具備自己的視覺語言表達能力，「塗畫」啟動了我們的視覺思考力，增進了我們對信息的回想、記憶與理解，提升了我們極大的認知力。

因此，如果你還在為「我不會畫畫」而限制自己，不如放下「完美主義藝術品創作」的思維，在心智圖法中自如「塗畫」，啟動自己沉睡已久的視覺思考力。

快動手試試吧！

【孫易新老師點評】

蓉琦這張閱讀《搞定》一書的學習筆記，可以說是在心智圖融入視覺圖像記錄的元素，也可說是在視覺圖像記錄中採用了心智圖，讓我們在閱讀時，不僅吸引目光的注意力，有一種賞心悅目的感受，對內容也能清晰明瞭的掌握。

在這張心智圖當中，從書中核心概念「getting things done」，以及「橫向整理任務」、「縱向管理項目」與「三個關鍵原則」三個主要內容，展開三個主要主題來記錄書本中的重點，分別是橫向、縱向和原則。而就「橫向」、「縱向」這兩個關鍵字，我認為

有修改的必要。

　　因為心智圖中的關鍵字，應盡量以意象鮮明的語詞為優選，當我們從中心主題「getting things done」，讀到「橫向」、「縱向」這兩個主要主題的時候，大概還搞不清楚它們是想要表示什麼概念。但如果把橫向改成「整理任務」、縱向改成「管理項目」，是不是在腦海中會更加清晰的理解，這張心智圖記錄了書中哪幾大主題呢？

※ 延伸應用：會議記錄、上課筆記

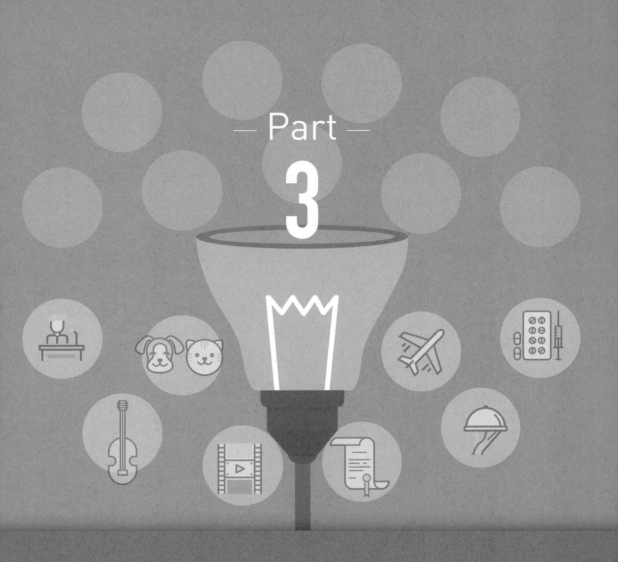

［家庭生活］

心智圖法的生活應用之二

上學的目的是為了什麼？最基本當然是為了學習知識、訓練技能與培養健全的人格，以便在面對生活中各種挑戰時，有解決問題的能力。

時至今日，心智圖法已逐漸被各級學校導入做為教師教學與學生學習的方法。不少參與「心智圖法融入學科教學」研習的老師，在課程第一天就迫不及待想要知道，如何應用心智圖法幫孩子拉高成績，可是卻忘記了解孩子們喜歡心智圖法嗎？孩子們會使用心智圖法了嗎？

我一再強調，學習心智圖法的最佳途徑就是「生活化之後再課業化」，也就是從生活情境中去熟悉心智圖法的技巧。將心智圖法內化成為自己的能力之後，要融入到學校課業，甚至未來工作職場上的應用，才能真正得心應手。

因此，在第三部分將透過幾個案例，說明心智圖法在家庭生活的應用。請你在閱讀之餘，不妨也試著模仿書中案例主題，動手做做看，甚至應用到生活中的其他層面，然後與家人、朋友分享你的成果喔！

※ 掃描 QR Code 點選圖號
點小圖看大圖，閱讀學習更輕鬆

[應用 1] ▸ 子女教養與溝通

由於受到少子化的影響，加上每個家庭的經濟情況普遍提升不少，所以比起上一代的父母，現在的家長對孩子的教養卻出現了新的迷思，包括：

1. 過度照顧、過度安排
2. 害怕孩子輸在起跑點，到處補習課業、學才藝
3. 只依自己的期待，過度完美的要求孩子，而忽略孩子的興趣與多元能力的培養等

我們相信，每個父母的內心其實都期望教出品格良好、身體健康、頭腦聰明的小孩，這點從內容有關教養子女的書籍總是名列各大書店熱銷書榜就可一窺端倪。但是，如何將書本中的知識，落實到生活中的行動計畫呢？

重視孩子教養的克羽與佩芳都是心智圖法的愛好者，心智圖是他們家庭的共同語言。想要給孩子一個健全的成長環境，讓孩子在歡樂中學習，歡笑中成長，就絕對不能隨興的一天過一天，畢竟時光是無法倒轉，孩子的成長是不能重來的。

因此，花個五分鐘，以心智圖構思一下，讓每一個家庭活動都可以在輕鬆活潑中帶有它的意義。

子女教養 ▶▶▶

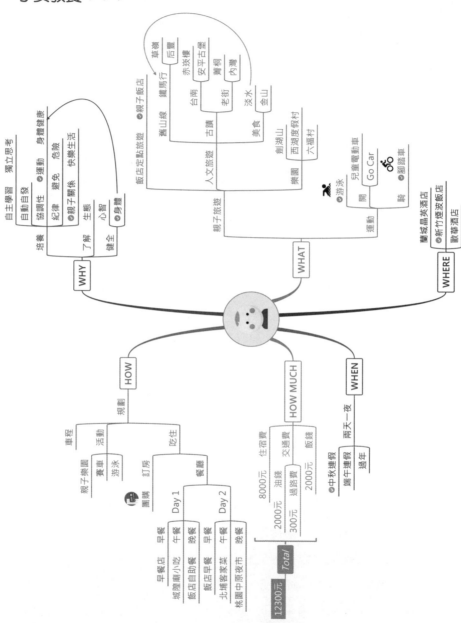

◆ 圖 3-1a 家庭親子活動

卓克羽

科技公司專案經理

孫易新心智圖法講師班 27 期結業（2015 年）

現今的教育環境，大多都是讀書至上、文憑至上，好像只要會讀書，就會功成名就。雖然從小教育都是從德、智、體、群、美為出發，但現實卻是畸形發展。對於小朋友的養育方針，不論是身心方面，總是希望他能健健康康的長大，培養出獨立思考解決問題的能力，這是我覺得對孩子未來最有幫助的部分。

所以對於學齡前階段的孩子，家長的陪伴是非常重要的，目前主要應培養他的身體協調性與興趣種子，所以只要假日我都會安排生態、旅遊、人文、育樂等相關活動，期盼他能快快樂樂的長大！而用電腦軟體繪製這張心智圖，就是以心智圖法將我的養育方針轉化為實際活動的方法！

利用 5W2H 將目標實現化。首先從目的（WHY，使用紅色代表重要性）開始，腦力激盪發想深度的目的，並選取在此階段最想達到的為何？接著列出做什麼事（WHAT，使用綠色幫助發想方案）可以達成選取的目標，然後在地點（WHERE，使用大地棕色代表）、時間（WHEN，使用流水藍色代表）、費用（HOW MUCH，使用錢幣銀色代表）逐一構思規劃內容，最後總結如何做（HOW，使用橘色代表積極）。

另外，在「運動」這一類別當中的游泳及腳踏車加上插圖，主要是我覺得這兩種運動可以增加他的全身協調性；而在如何做的內容中，訂房部分也加上插圖表示重要性。

孩子的活動有許多種，運用心智圖法結合 5W2H 規劃活動，可以更有創意、更有效率地在有限的資源內規劃出符合當下的活動！

克羽將心智圖法應用在工作上，已經有多年的經驗，特別是大型工程的專案，所以心智圖法已經內化成他的能力。更重要的是，他在構思規劃這種家庭親子教養學習活動時，也應用到心智圖創意思考法的技巧，思考每個主題都能先擴散出許多想法，然後收斂為比較符合現階段需求的項目。

例如在目的（WHY），他寫出了許多想法，但收斂時聚焦在「運動 - 身體健康」、「親子關係」、「健全 - 身體」等。在活動內容（WHAT）部分，能以插圖標示出重點中的重點，也能運用關連線指出不同信息之間的關係，例如「健全 - 身體」與「運動 - 身體健康」，「淡水」與「鐵馬行」等。

由於克羽是典型的科技人，因此慣用電腦軟體製作心智圖。其實這種親子活動的規劃，可以採用手繪方式，在父母的帶領之下，讓小孩參與討論規劃，從小就讓小孩子從生活中接觸心智圖法，對他們思考能力的培養，會產生潛移默化的效果。

各位讀者，請拿出紙筆與家人一起用心智圖規劃一個週末的家庭活動吧！或者想想看還可以應用在家庭生活中的什麼地方？

喔～想到了！近幾年家庭中飼養寵物的風氣越來越盛，但怎麼養才能養出健健康康的寵物陪伴我們呢？尤其高齡化社會來臨，寵物是陪伴長者的好伴侶，我們公司也有毛小孩擔任公關職務，平時陪伴員工紓解工作壓力，開課的時候（特別是寒暑假兒童班、青少班），牠們就是小朋友下課時的絨毛玩具。為了照顧好我們這幾位毛小孩，負責照顧牠們的同事，以心智圖整理出寵物健康照護的注

意事項。如果你家裡有飼養小狗的話，是不是可以直接參考使用；
如果你是飼養貓、兔子、迷你粉紅豬、烏龜……，不妨也動手自己
整理一張心智圖吧！

寵物健康照護 ▶ ▶ ▶

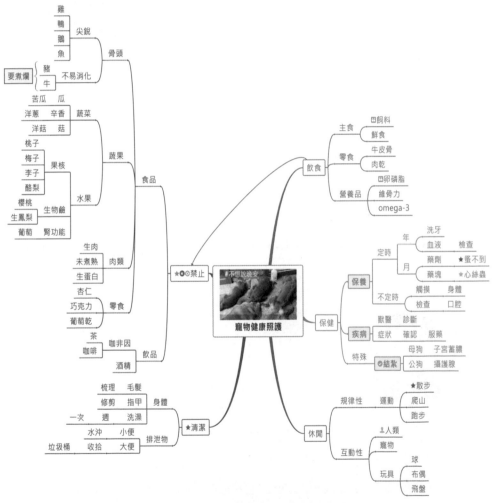

◆ 圖 3-1b-1 寵物健康照護心智圖

張麗玲
浩域企業管理顧問股份有限公司行政專員
孫易新心智圖法職場應用認證班結業（2011年）

　　家裡養寵物已經很多年了，長輩養狗方式是很隨興的，人吃什麼，寵物就吃什麼，就算告訴他們哪些東西寵物不能吃，每個月要吃哪些保健品，卻還是會忘記，所以我決定做一張心智圖，讓他們可以一目了然。

　　首先列出最重要的五類：飲食、保健、休閒、清潔、禁止，之後再分第二類，例如；「飲食」分出主食、零食、營養品，「保健」分出保養、疾病、特殊，以此類推。然後在重要地方加上小圖標，這樣就能提醒自己該注意的事項，也便於記憶。

　　運用心智圖整理後，清楚知道哪些東西是寵物可以吃的，哪些東西絕對不能吃，每個月要做哪些保健。同時也讓我更清楚，照顧寵物就跟扶養小孩一樣，每天必須餵食、清理、日常護理，犧牲自己個人時間陪牠玩，但也讓我更加有責任感。

【孫易新老師點評】

　　　　現今不少人把寵物當作是自己的家人，感情上相互依賴。但是身處忙碌的工商社會，常常忘東忘西，許多該做的事情、該注意的事項，一不經意就給忽略了，因而造成遺憾事情的發生。

　　麗玲這張心智圖不論是從規劃寵物照護角度，或是做為檢核的功能，都是一張非常實用的心智圖。同時有一個地方是值得大家參

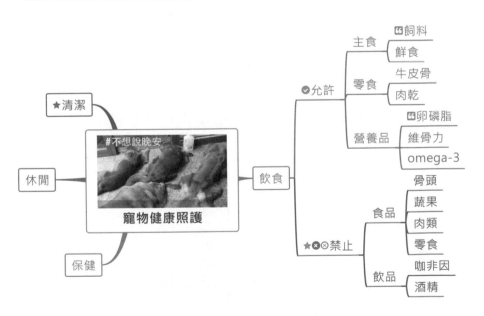

考學習的，就是右上方說明飲食與左上方說明禁止。

　　以心智圖法的邏輯分類原則來說，同一個階層其類別屬性應是相同的，例如第一階的主要主題「飲食、保健、休閒、清潔」，但「禁止」也放在第一階，它的概念與其他四類不一樣，照理講這樣並不好。但是，麗玲從「飲食」拉了一條關連線指到「禁止」，意思是飲食允許的項目在右上方這個樹狀結構之中，而飲食禁止的項目說明在左上方。

　　由於這是麗玲自己使用的心智圖，所以這樣表達方式是允許的。對她腦海中的思維結構而言，主要的分類是四大類，分別是飲食、保健、休閒與清潔，「飲食」之下分為「允許」與「禁止」。但如果這張心智圖是用在教學或其他提供給別人看的場合，最好能將「允許」與「禁止」歸納在「飲食」之下。

◆ 圖 3-1b-2 寵物健康照護心智圖建議調整方式

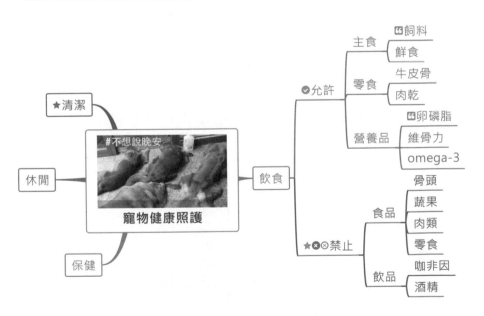

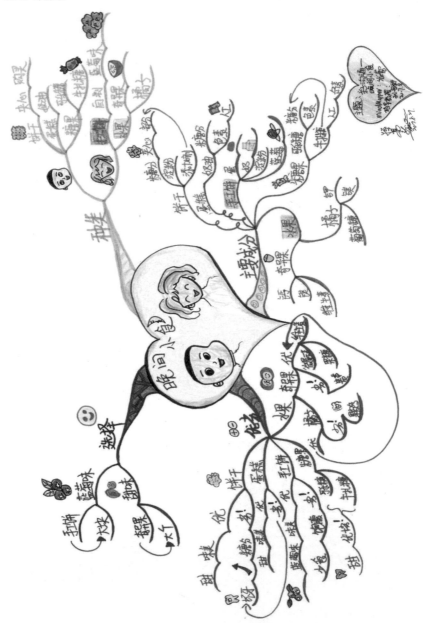

◆ 圖 3-1c 親子溝通：晚間小食心智圖

張蕾
心智圖法專業講師
孫易新心智圖法講師班 33 期結業（2017 年）

不滿 5 歲的兒子在晚飯以後總喜歡吃一些小食品，剛開始我就隨了他的口味，但後來發現他總是選擇甜食，不僅導致蛀牙，還由於糖分含量高，產生飽腹感，影響了第二天的早餐。

多次跟他溝通都沒有任何效果，兒子似乎根本聽不進我在說些什麼，因此靈機一動，為什麼不試著用心智圖法來溝通呢，就像看圖說話一樣！

於是，我便在某一天的晚間，跟他在書桌前邊玩邊畫的完成這件事情。整張心智圖的中心主題就是【晚間小食】，我讓兒子為其中的多個元素出主意，他就拿著他最心愛的簡筆畫大全，乖乖的在我身邊發表自己的意見。以心型為中心主題輪廓來體會我們母子之間的感情，裡面是我們溝通食物選擇的場景。我們從四大方面來進行討論，分別是晚間食物的「種類」、「主要成分」、「優劣」，以及我們最後的「選擇」。

首先，在食物種類裡，我們分別表達了各自的選擇，並在自己認為最重要的那一項加上插圖。我特意為他選擇了含有他最愛的藍莓口味食物，和既營養又不失口感甜味的水果。當然，在這一步我僅僅把我的建議呈現給他而已。

第二，一邊上網查詢，一邊寫出這些食物的主要成分。由於是我們母子共同查詢的，所以他對所查到這些資訊都是接收的，對於不太明白的東西，如人工色素、添加劑等，我會以他能聽懂的方式為他做講解。

Part
1
初學
20問

Part
2
個人成長

Part
3
家庭生活

Part
4
職場工作

第三，根據這些食物的成分，分別了解它們的好處和壞處。由於兒子已經知道自己選擇的食物都是過甜的，而他的牙齒偶爾也會疼，因此他就明白吃甜食的壞處了，甚至還要求我把他的蛀牙畫在上面，表示都是糖分惹的禍。

第四，我問他：「媽媽建議的食物裡，有你愛吃的藍莓口味，是自己親手做的藍莓手工餅，還有你愛吃的、甜甜的、但糖分沒有那麼高的水果，你覺得怎麼樣？」當他看到我畫出一顆顆藍莓和帶著笑臉的奇異果，又看了一眼那兩顆帶洞洞的蛀牙，很高興的接受了我的建議，還表示要去告訴他最好的朋友，以後晚上不要再吃餅乾、糖果這些太甜的食物了。

這張我和兒子共同完成的親子心智圖，就這樣在短短的時間內，解決了我一直很擔憂、而他又一直都不同意的一項問題。不但讓我們彼此達成共識，而且整個過程是很愉快的。

兒子在這個過程中學到了有關食物的知識，感受到了媽媽的愛心。這一切，都是因為心智圖法的圖解呈現方式、分類明晰、感受色彩、去情緒虛化、直觀，並且易懂、易於資訊傳遞和互動等優點，才起到了如此的功效，達成共識、有助於溝通。建議大家也可以動手試試看喔！

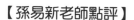
【孫易新老師點評】

不少家長都問過我一個同樣的問題，就是——「我的小孩幾歲可以開始學習心智圖法？」

其實是從兩歲左右就可以開始接觸心智圖法了！這時候孩子年紀雖小，注意力只能集中於事物單一向度或單一層面，無法掌握事

物的全貌，思維傾向以自我為中心，並且缺乏邏輯性，但已經可以使用符號、圖像來代表實物。因此，這個階段的小朋友，只要有大人的陪伴，即可展開探索心智圖法的神奇之旅。

　　由於心智圖當中的分類階層與因果關係的結構，讓尚不具有邏輯概念的學齡前孩子，在大人的帶領之下，也能循著心智圖內容的結構脈絡進行對話，再加上充滿圖像與色彩的心智圖，更能吸引孩子參與其中，進行良性的親子溝通，達成預期的目標。張蕾這張【晚間小食】心智圖，可以說是很好的一個親子溝通案例，值得家長們參考學習。

※ 延伸應用：跟長輩溝通意見、家庭親子會議

2 ▸ 旅遊必勝全攻略

　　旅遊是人類最喜愛的一種有效的學習活動。

　　羅馬帝國時期哲學家奧古斯丁（Aurelius Augustinus）曾經說：「世界就像一本書，而那些不旅行的人，只讀了一頁。」這段話同時也呼應了孔子所說「行千里路，勝讀萬卷書」的道理。

　　但行千里路之前，倘若能先閱讀前人積累經驗所撰寫的書籍，相信旅遊的過程會更順暢，學習的效果也會更好，這也是旅遊景點專書一直很受歡迎的原因。

　　但是，旅遊書籍不是很大本，就是又厚又重，常常增加行李不少的負擔。自從 3C 產品盛行，智慧型手機或平板幾乎成為每個人的基本配備，現代人逐漸習慣利用手機上網查詢資訊，這方式雖然很方便，但信息總是零碎的片段，甚至有不少是錯誤的，如果照單全收，可能會因此浪費旅遊過程中許多寶貴的時間，甚至白白冤枉花了大錢。

　　我常說：「不正確、不完整的知識，比沒有知識更可怕。」所以查詢、確認、整理出正確的旅遊資訊，不僅可以事半功倍，玩得更盡興，還可能幫我們看緊荷包，做最有效的運用。再來我們將舉幾個旅遊達人的例子，看他們如何發揮心智圖法的功能，樂在旅遊。

景點簡介 ▶ ▶ ▶

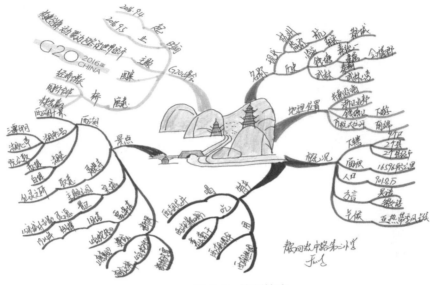

◆ 圖 3-2a 杭州簡介

MindMapper

于鵬

青島四流中路第三小學教師

山東思維導圖法種子教師培訓班結業（2017 年）

　　每年假期，我們一家人都會出外旅遊，杭州就是我們計畫出行的一個城市，為了讓旅遊的過程不至於只是走馬看花，而能夠兼具教育學習的意義，因此，行前我就以心智圖的方式整理有關杭州的資訊。

　　對於中心主題圖像的選用，我首先考慮到了杭州的孤山、斷橋、古塔、西湖，所以就取這幾個意象綜合成中心圖像，讓人一眼看出杭州這個城市的特點。

杭州是一座有著悠久歷史的城市，不僅擁有深厚的文化底蘊，同時又是一座現代化城市，特別是 G20 峰會的召開，讓這座城市再度煥發勃勃生機，吸引越來越多的中外遊人前來觀光旅遊。

　　為了更加深入、透澈的了解這座城市，我查閱了很多資料，以及參考驢友們提供的旅遊攻略，決定從杭州的名稱、地理位置、概況、特產、景點和 G20 峰會這幾個方面來了解杭州，而它們就是我這張心智圖的六大主要主題，也就是六大類信息。然後將每一主題相關的信息或我有興趣的內容，整理寫在每一類別之下。

【孫易新老師點評】

　　為什麼心智圖的中心主題最好以圖像方式來呈現？用純文字的方式可以嗎？這是初學心智圖法的學員常發出的困惑，在本書第一部分的 Q20，已經說明了全圖、全文字與圖文並茂心智圖的應用原則。

　　于鵬這張心智圖的目的，是為了在這次假期家庭旅遊之前，對即將前往的景點先有個大致的了解，所以旅遊的地點很明確知道是杭州，中心主題不書寫文字，而只是以杭州的幾個特色景點來組成一個圖像，這是很不錯的方式。倘若這是讀書時的學習筆記，或是個人的知識整理，最好採用圖文並茂的方式來呈現中心主題，否則過一陣子之後，光是看這個山中有寺廟、山下有河流小橋的圖像，恐怕一時之間難以判斷是在介紹哪一個城市。

　　在這張心智圖當中也有一些地方略作調整會更好。那就是心智圖原則上每一線條上的文字，最好只寫一個關鍵字，除非碰到不可切割的概念，可以寫一串字，否則避免在線條上寫好長的一串字。

像是左上角 G20 高峰會的主題「構建創新、活力、聯動、包容的世界經濟」，可改用一個與內容有關聯的圖文框形式來表示，例如以一個兩邊插滿各國國旗的大會議室舞台為圖文框，然後把高峰會主題那串字寫在舞台的布幕上。

　　此外，如果覺得有必要針對景點中某一個小主題進一步了解，可以就這個主題另外整理出一張新的心智圖，而不要把所有的內容都塞在同一張心智圖當中。例如對某個地方的美食有興趣，就整理一張以「美食」為主題的心智圖。

美食特搜 ▶ ▶ ▶

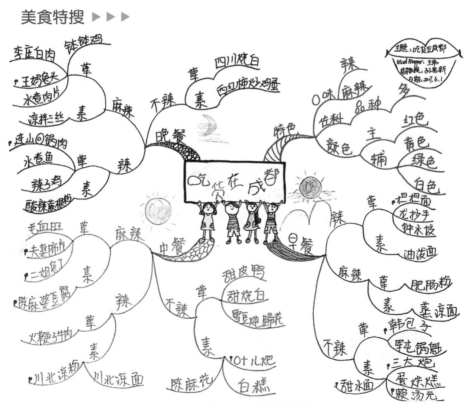

◆ 圖 3-2b 吃貨在成都

王偉
心智圖法專業講師
孫易新心智圖法講師班 31 期結業（2017 年）

　　緣起於 2017 年 5 月在天津舉辦的中小學生教學師資精英培訓課程，每天吃飯時間成了最放鬆的時刻。這其中當然離不開吃的話題。每次一聊起吃，總是繪聲繪色，口水滿天飛，彷彿身臨其境，就置身在天府之國——成都。

　　於是孫老師就說，「請王偉畫一張關於四川美食的心智圖，讓更多人來到成都的當下就成為吃貨。」我爽快的答應下來，然而直到真正下筆，才發現不容易，因為這個話題很廣，如何才能夠凸顯我這張心智圖的實用性呢？左思右想，修改了很多次，才有了今天這張【吃貨在成都】。

　　中心主題的圖像用四個不同衣著的人物，代表四川歡迎四面八方的來客。每個地區的人飲食風俗各有特色，人們都會按照生理習慣進餐，所以我決定用特色、早餐、中餐、晚餐做為主要分類，也就是心智圖的第一階層。

　　再來每一類後面的第二階層邏輯是什麼呢？我的做法是按照川菜的特色分為：麻辣、辣、不辣，把外地人最常吃、必吃的，包含十大人氣小吃（圖中以小豆芽圖示標注的菜名），分門別類的呈現出來，這樣就能幫助每一位看到這張心智圖的人快速了解成都美食，然後根據個人喜好去做選擇。

　　無論你是誰，按照這張圖的指引逐一吃完後，不僅能滿足您的五感享受，同時還能了解這些小吃的起源故事。所以成都絕對是一座您來了就不想走的城市！我愛我的家鄉，四川歡迎您！

【孫易新老師點評】

一張心智圖中，已經刪除了很多贅字，只寫出必要的關鍵字。但是，重點中還是會有重點，這時就可以在那些關鍵字旁邊加上與文字內容有關聯的圖像，目的在吸引目光的注意，以及強化對內容的記憶。

王偉畫的這張心智圖，從中心主題以及主要主題上的幾個插圖，都能意象鮮明的表達出，她身為四川人，歡迎來自四面八方的客人，也樂於分享早、中、晚餐在成都可以享受什麼美食。她在分類的優先順序上，也充分掌握了心智圖法在分類階層化的原則，亦即越重要的因素放在上位階。因此，她的考量先以遊客的三餐為主，其次是四川菜的特色，然後是飲食習慣。

依據心智圖法的規則，在細節內容中，如果有重要的信息，也是要加上插圖。這張心智圖的目的在幫助遊客旅遊成都時，可以輕鬆挑選、享用美食，而不是中小學生的地理課心智圖筆記。所以只要達到按圖索驥的功能，不需要記憶心智圖的內容，在必吃的美食項目上，標注「小豆芽」圖示是可以的。反之，如果是準備考試的心智圖筆記，在重點關鍵字旁邊所加的插圖，必須跟文字內容可產生關聯性，這樣才能幫助記憶。

出門旅遊時，常常為了打包行李傷腦筋嗎？常會帶了一大堆用不著的東西，真正需要的卻忘了帶？這是因為我們習慣以過去出門旅遊的經驗，把可能用到的物品放進行李箱。但是，每次旅遊的目的都相同嗎？活動內容都一樣嗎？季節、地點都不變嗎？以上幾個問題只要有一項不同，所需攜帶的物品就會不一樣。

因此，構思物品清單時，需有清晰的邏輯分類結構，以便檢核時能清楚地進行盤點。我們先來看看下面這張露營裝備心智圖。

露營裝備 ▶▶▶

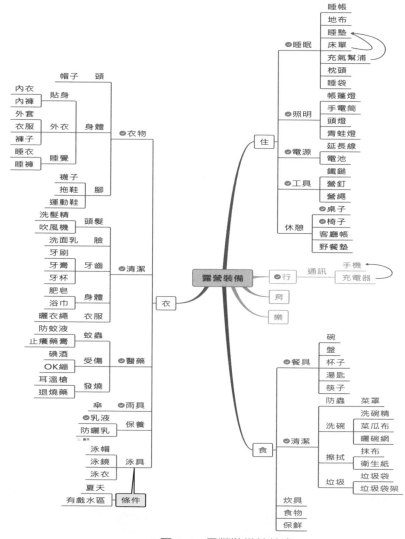

◆ 圖 3-2c 露營裝備檢核表

黃靖芬
浩域企業管理顧問股份有限公司經理
孫易新心智圖法講師班 25 期結業（2014 年）

露營是時下超夯的戶外活動，雖然現在營地幾乎都有提供基礎的水、電及衛浴設備等，可是要攜家帶眷在一片空地上搭建出一個「家」，還是有很多必須準備的「傢俬」。

我們剛開始露營時，是直接使用露營前輩分享的裝備清單加以增修，但這份長長的條列式清單很容易看到眼花撩亂，每次整理裝備總是要花很多時間核對，還是很容易漏東漏西，所以我決定自己重新製作一張【露營裝備檢核表】心智圖。

既然是在戶外蓋一個「家」，心智圖的第一階就決定從食、衣、住、行、育、樂開始，把原本條列式的物品一項項歸類進去。然而某些類別物品還是太雜亂，所以我再仔細依據用途做出第二層的分類，例如「住」的部分再分出睡眠、照明、電源、工具和休憩五類，而「食」的部分則分成餐具、清潔、炊具、食物和保鮮。

每一個大類都整理好之後，接下來我再用打勾的圖標標示出「必帶物品」，而沒有打勾的，就是可視情況決定是否攜帶的物品。其中「衣」這一類的防曬乳是夏天才需要攜帶，所以另外用標籤方式說明，而泳具必須是在夏天且營地附近有戲水區的狀況下才需要攜帶，由於條件比較多，所以用註解的方式分項列出。

最後針對特定物品，如果想要提醒自己需要帶多少個，也可以在那項物品後面多增加一層，寫出明確的數量，例如「3 個」，這樣清點物品時就更明確，不怕會遺漏囉！

自從運用心智圖整理露營裝備後，每次露營前只要先確認是否

Part
1
初學
20
問

Part
2
個人成長

Part
3
家庭生活

Part
4
職場工作

有增加「必帶」的物品，例如需要自己下廚就得攜帶炊具、食物和保鮮用品，夏天且能夠玩水就要帶防曬乳和泳具，接下來就可以開始依據類別一項項整理行李囉！

因為有經過仔細分類，並且用不同主幹和顏色區隔，整張心智圖一目了然，所以在核對時又快又輕鬆，也不會再遺漏東西了！

【孫易新老師點評】

將資料進行分類的時候，可以是根據資料的特徵屬性，也可以根據任務目的性。一般大賣場物品的陳列，是依據東西的屬性，同一個架上的物品可能是相同的，只是品牌不一樣，同一區則都是放類似的東西。因此，採購清單的心智圖就可依照賣場陳列方式與順序來做為心智圖的分類。

但是靖芬這張心智圖是為了解決一家人出去露營時，生活所需的物品而整理出來的，因此她採用了任務形式的分類方式，這是比較好的選擇。因為透過任務分類，腦海中會出現情境畫面，你可以依照劇情的進展去思考需要帶哪些東西，如果物品本身與其他東西有關聯性的話，可以用網狀脈絡的關連線來示意，例如右上方的「充氣幫浦」是為床單與睡墊打氣用的。

檢核用的心智圖，在區分必需品與彈性需求品的應用技巧，基本上在上位階層被選取為必需品，就代表它的下位階都是必需品，除非是遇到資源很有限的情況，才需要進一步針對下位階的類別物品進行判別。

從靖芬這張露營裝備檢核表可以發現，有些是在代表大類概念的第一階，就標示出整個大類所涵蓋的物品都是必需品；有些則是

標示在代表中類的第二階;有些是標示在小類的第三階。

　　但是,如果針對某個必須攜帶的大類各個項目,在特定的情況下,若有必要進一步做出優先順序選擇,則可再以不同符號(如星號)來標示,這是一個實用的小技巧喔!

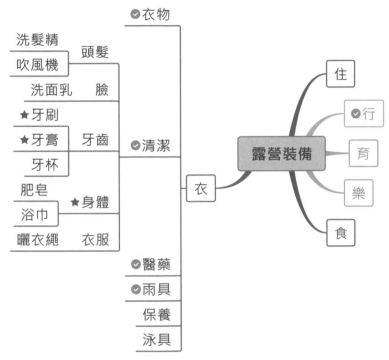

◆圖 3-0d 進一步做出優先順序的選擇

※ 延伸應用:博物館導覽圖、遊樂園全攻略、旅遊交通規劃

　　由於社群 App 的流行，大家應該很習慣沒事就滑一下手機，到好友圈看看大家的動態。但是每遇到節日，看見千篇一律或類似的祝福語圖片，大概就是很快滑過去，不僅沒看清楚是誰發的祝福，甚至可能對這種洗版感到有些不耐。

　　你希望自己的祝福被朋友接收到嗎？甚至被朋友收藏嗎？德國心理學家雷斯多夫（Von Restorff）的研究指出，日常所見所聞的大量信息中，人類最容易記住比較特殊的部分，同時偏向以視覺型態吸收資訊，這時心智圖就體現出這項優勢了！

聖誕卡片 ▶ ▶ ▶

◆ **圖 3-3a 聖誕卡片**

李珮瑜（Erin）

心智圖法專業講師

孫易新心智圖法講師班 1 期結業（2001 年）

　　繪製這張心智圖是在 2015 年接近聖誕節的時候，由於現代網路的發達，許多人已不再寫卡片，大多直接轉載貼圖或電子卡片，讓我覺得少了份手寫的心意，於是利用所學的心智圖法，將我想要傳達給好友們的祝福，利用一張圖看清全貌，也增添生活創意和情趣。

　　首先思考一下，這次我要做的是聖誕卡，在紙張的正中間，該畫出什麼樣的中心主題圖像來代表歡樂的聖誕節呢？最直接的圖像就是「聖誕老公公和聖誕樹」。

　　接下來，把我想要傳達的內容，依據順時鐘方向開始進行分類，分別是祝福（暗紅色）、提醒（橘色）、希望（紫色）與共勉（藍綠色）。其繪製細節如下：

　　「祝福」：顏色使用加深的暗紅色線條，是強烈的情緒意識和暖心表達，也是一種活力象徵。圖像是心想事成和天天開心，表示這兩件事非常重要。

　　「提醒」：顏色使用橘色線條，是有變化又刺激的意識表達。圖像是注意低溫（8℃）變化，記得要添衣禦寒，維持身體健康。

　　「希望」：顏色使用紫色線條，是帶來穩定能量和智慧。圖像是點燃希望的燭火，在未來一年（2016）能夠擁有百分百的幸福。

　　「共勉」：顏色使用藍綠色線條，是有傳送創新知識的表達。圖像是期望透過這張心智圖卡片，與好友們相互學習和成長，尤其在知識、智慧、心靈層面。

　　我將這張心智圖以賀年卡形式寄給朋友，並且在臉書分享，引

127

發不少朋友的好奇與互動留言，無形中增進了人際關係。朋友們覺得心智圖當中的圖像可以提升印象、記憶深刻，也容易理解我想傳達的內容，讓我更加覺得這是一種很好的創意溝通方式。

【孫易新老師點評】

珮瑜的這張心智圖聖誕卡片以簡潔的關鍵字與圖像，向好友們傳達內心無限的祝福。

其實各種節氣的祝福語，我們都耳熟能詳，不論是在哪個社群聊天室發祝福語，不知你有多少耐性仔細看，是不是都很快就在手機螢幕上滑過去，甚至連是誰發的恐怕也沒看清楚。

但是，如果螢幕上突然出現一張比較不一樣的畫面，是不是會讓你暫停一會兒，甚至點一下它，多瞧個兩眼？是的，心智圖就是有這種魅力。

我們都聽說過：「一幅畫勝過千言萬語。」但是圖像有其優點，也有它的限制。透過心智圖組織圖像，不僅活潑又富有趣味性，讓想像無限飛揚，亦不失其邏輯結構性。

除了各種祝福卡之外，感謝卡也可以採用心智圖的方式呈現。當中的文字說明雖然可能多了一點，但是只要抓到精簡的關鍵字，讓收到的人快速掌握並理解你想要說的話，自然可以同時深深感受到你的誠意。

2017 年秋天，我在深圳舉辦為期八天的職場教學應用師資班，其中一位學員王蓉琦在課後以一張圖文並茂的心智圖感謝我對她的指導，在看完內容之後，真的令我好感動！

從 129 頁這張心智圖，你可以了解蓉琦想要對我說的話嗎？

◆ 圖 3-3b 感恩卡

今天是幾月幾日？接下來是啥節日呢？你有想要感謝的人嗎？

不妨動手以心智圖的方式畫一張向朋友傳遞祝福吧！

※ 延伸應用：生日卡片、會議通知、活動邀請卡

4 ▶ 感動的創意婚禮

傳統的婚禮雖然有不少繁文縟節，而且各地方習俗多少有些差異，但那總是我們的傳統文化，多半帶有喜慶、美好的寓意。

從六禮的準備，到迎親當日各項流程，舉凡（男方）出發、燃炮；（女方）插早稻與紅春花、吃上轎、等待請女婿、討喜、（新人）辭祖、拜別、遮頭紗、遞親家帖、搬嫁妝、綁竹子、出閣、上禮車、燃炮、潑水、擲扇、撒緣、踢轎門、摸橘子、接竹梳、牽新娘……等，多不勝數。

現代年輕人連知道有哪些項目都已經很少了，更不要說了解內容是什麼，嫁娶流程是如何進行。而類似這種包括時間順序流程與內容說明的情況，傳統條列式筆記肯定是寫得密密麻麻一大串，在忙碌的婚禮過程中，不僅在查閱檢視上有障礙，而且很容易就會漏掉一些事項。

心智圖法是一種關鍵字思考法，所謂「關鍵字」，就是看到它，就可以理解整體的意思。所以在心智圖當中我們捨棄傳統一大串文字的呈現形式，都只提取關鍵字，再根據實際應用的需求，例如婚禮流程或籌辦企劃的邏輯架構，做出系統性的思考模組，讓我們忙而不慌、雜而不亂，在歡樂中迎接幸福的時刻。

下面我們就從兩個婚禮案例來進一步說明。

Part
1
初學20問

Part
2
個人成長

Part
3
家庭生活

Part
4
職場工作

民俗婚禮流程 ▶ ▶ ▶

◆ **圖 3-4a** 結婚當天女方家上午流程

MindMapper

朱俊

心智圖法專業講師

孫易新心智圖法講師班 31 期結業（2017 年）

　　我的一位學生，她的閨蜜要結婚了，結婚當天女方家有很多事要做，頭緒繁多，她很想畫張心智圖幫閨蜜理清各項事物，就來找我幫這個忙。我詳細詢問當天上午女方家有哪些事情要做。她描述了很多，我快速的用心智圖記錄下來。

　　剛開始是依不同的人要做的事情進行分類，整理完畢之後，覺

得不是很滿意，對婚禮當天的執行流程幫助不大。

於是我想到用時間線，按照當天的流程來做框架，這樣的心智圖會更明確。每個流程下，再依事件或人物，分配不同的事情，就會容易很多。所以，用化妝、堵門、遊戲、儀式、出門五個流程環節做為主幹，然後以每個環節的不同重點考慮下一層級。

比如「化妝」，主要分面部和髮型，再具體到哪個人；「堵門」呢，關鍵點在不同的門，就以每扇門為第二層級，再具體到每扇門那裡要的東西；「遊戲」，物件是新郎和伴郎團要做的活動等等。

透過這張心智圖，很清楚結婚當天新娘家上午有幾個大的環節，在每個大環節裡可以找到重點，這樣看到這張圖的人對於整體安排心裡就會有數，不會只注意到自己有參與的那點小事，而會比較有整體感，達到見林又見樹的目的。

【孫易新老師點評】

一般人以心智圖進行活動規劃時，特別像是類似這種任務執行的場合，腦海中首先出現的會是以「人」為中心，去思考任務的分派。也就是在「人事時地物」中，從什麼人該做什麼事去考量。這種方式在實際執行時，每個人或許知道自己負責哪些事，但卻無法依流程清楚明確的去處理，以至於還是手忙腳亂。

所謂心智圖（Mind Map）就是腦海中的一張地圖，讓我們清楚知道，要抵達目的地的路徑該怎麼走。以朱俊為朋友整理的這張心智圖來說，目的是要讓婚禮流程順利進行，因此，她後來決定依照婚禮流程的活動事項，以順時針方向記錄下來，讓大家都很清楚知

道，現在是進行到什麼活動，接著有哪些事項要進行、是誰負責執行等，這是一張非常實用的心智圖。

同樣是婚禮活動的規劃，如果我們希望突破傳統，辦一場充滿創意、令人難忘的婚禮，在按流程製作心智圖之前，得從 5W2H 的角度結合創意思考的擴散 - 收斂模式，先蒐集活動的需求與定義活動的範疇，也就是 7R 創新心智圖。接著我們就從【籌辦婚禮】這張心智圖，一起來了解「7R 創新模式」。

籌辦婚禮 ▶ ▶ ▶

◆ 圖 3-4b 婚禮籌備

王明歡
心智圖法專業講師
孫易新心智圖法講師班 31 期結業（2017 年）

參加過多次朋友的婚禮，據我觀察，幾乎每個人在婚禮前一個月和當天都是忙得焦頭爛額，聊起來原因不外乎兩個：繁瑣冗長的程序，以及計畫趕不上變化。

現在事情落到自己頭上了，這樣的焦慮還是有的，而這也都是非常實在和常見的問題，畢竟婚禮是兩家人的事情，如何盡可能讓所有人滿意？怎麼掌握每個細節讓籌備做到充分？的確是需要好好思考規劃的。

在未了解孫易新老師的 Mind Mapping 之前，我對做籌畫基本是拒絕的，一來感覺自己處理事情沒那麼鉅細靡遺，而且從小也不覺得自己有什麼創意。沒錯，是自我感覺！當你有這種感覺，的確需要反思一下：關於細節和創意，究竟是沒有天賦，還是沒有方法！

不同於心智圖創始人博贊所提出的，思考是從中心不斷往外擴散，孫易新老師將 7R 融入到心智圖當中，並通過將主幹上的主題，依順序性的，以先擴散再收斂的方式進行創意企劃。對我而言，這樣的創意變得更合乎邏輯，更重要的是，讓我的婚禮籌備變得輕鬆簡單多了。

接下來我要說一下自己繪製心智圖的思路：

1、一個合乎主題的中心圖是首先需要考慮的物件。 在畫這張圖之前，我對於婚禮的想法就是盡量簡潔，更重視我與另一半兩個人的感受，於是中心圖的繪製也就盡可能簡潔。因為我認為，心智圖是為主題和目標服務的，只有在這樣的目標基礎上才能展開更合理

的計畫，所以中心圖實在沒必要畫得太華麗。

2、我首先梳理「Why」，也是整個籌畫最重要的部分。在創意部分，我用到了孫易新老師傳授的一個技巧：開啟思考活口。想到目標時，你的大腦最開始先會蹦出一個詞，比如我就會想到「簡潔」，這是我和另一半共同的目標，但如果僅是這樣，或者繼續向下延展思路，根本就談不上創意。所以通過「簡潔」，我向上位階層思考：這個詞屬於哪個部分？與這部分同位元階層還有哪些詞？於是想到簡潔屬於我倆個人的目標，其他個人目標還包括要辦得有趣、令人印象深刻。

而之於上位階層的個人，我也找到平行的父母和賓客，因為他們同樣重要，然後再繼續想可能滿足他們的婚禮風格。思考到這裡，還沒開始做決策，但我的心智圖已指引我找到了之前沒有想到的婚禮風格，這就是合乎邏輯的創意。再接下來就是收斂部分了，我只需要在關鍵字中做選擇，將輕重緩急進行排序，做為另外 6R 的行動準則。你看，創意其實不難吧？

3、再來是「What」，也就是具體事項。根據「Why」最後收斂的幾個目標，具體事項變得非常清晰，我按照時間原則分為籌備、當天和答謝三個部分。擴散階段依然採用「開啟活口」這個方法。沒錯，當你無論自由聯想還是邏輯聯想都走到盡頭時，也正是開啟「活口」的時候了。

在收斂部分，我將酒店的飲食要好吃、時間表要清晰、司儀的環節設計、有經驗的攝影、隔週舉辦瘋狂的答謝宴做為重點，當然也都是以「Why」的目標做為選擇標準。其中我將婚慶（婚禮顧問）和司儀連接起來，目的是兩者如果相識會更容易溝通，婚禮當天他們是最重要的兩個環節。

4、在最重要部分完成後，「Who、When、Where 和 How Much」就變得超簡單，因為目標和事項都清晰了！這裡的創意部分依然是採用先擴散再收斂的方式，特別要提到的是「Who」，延展這個部分要顧及決策和執行兩方面人員，保證擴散收斂最終結果是 OK 的。

5、最後來到執行部分「How」，其實就是根據前面內容排序。在創意這部分時，我還發現了很多環節是可省略的，因為大目標是要做到盡量簡潔。比如攝像（拍照），本來就是要朋友來幫忙，不如就請他們幫到底，以朋友的視角來記錄比官方記錄要真實太多，也能做到印象深刻。同時，婚車部分亦根據一切從簡的原則，請朋友幫忙就好，接親的樂隊最終也排除在決策之外。總之，「How」這個部分是執行的重要步驟，也需要進行先擴散再收斂，讓整個計畫更加完整。

就這樣，一整個婚禮流程順下來，思路清晰不必說，重要的是我已盡所能將很多可能發生的情況都聯想到了。如此一來，即使籌備過程中突然來個意外，我也不會驚慌，「計畫趕不上變化」雖稱不上完美，但已經安心太多了！

更重要的是，我發現原先沒什麼創意的我，竟然能想到這麼多，從本質上超出了我繪製這張心智圖的目標，開啟「活口」後像是把大腦蓄存創意已久的大閘打開了：你不是沒有天賦，你只是沒有找到好方法！

【孫易新老師點評】

「離開教室那扇門，才是學習的開始。」這是我在每一堂課對學員的期勉，希望他們務必把課堂上

Part
1
初學20問

Part
2
個人成長

Part
3
家庭生活

Part
4
職場工作

所學的，應用到日常生活中，也就是美國著名教育學者杜威（John Dewey）所說的「從實做中學習（Learning by Doing）」。明歡在 2017 年 5 月參加我在天津開辦的師資培訓班之後，回到工作崗位上，不僅立即指導小朋友以心智圖整理讀書筆記，更將課堂所學落實到自己 7 月即將舉辦的婚禮。

明歡的【婚禮籌備】心智圖以及他的文字說明，已經把心智圖創新企劃思考法的步驟與做法做了詳細說明。這是一個非常實用的創意思考法，在創新思考的策略中，稱為「7R 思考法」，也就是在 5W2H 每一個項目都先透過心智圖的樹狀結構去擴散思考，達到創造力中的流暢力、變通力與精進力，並掌握一個關鍵字與提取出上位階概念的原則，開啟思考的活口，讓我們的思維更具有獨創力，再針對每一個項目去進行收斂。（＊關於「7R 思考法」的意涵與步驟，我在本書第四部分「職場工作」領域的應用中，將會再進一步詳細說明）

從明歡分享的案例，你應該可以發現，我們大腦的潛力是無窮的。沒錯，不是你沒有天賦，只是沒有找到好方法！心智圖法就是激發創意的好方法。

※ 延伸應用：親子旅遊、生日餐會、同學會、新春團圓聚會

5 ▶ 親子看繪本說故事

　　人類誕生在這個地球，原始人在洞穴中以壁畫描述生活中的點點滴滴，應可算是最早期的故事繪本；到了宋朝，有清明上河圖；現代更有不少兒童繪本和心靈療癒、生活紀錄等不同類型繪本，皆各具特色與功能。

　　顧名思義，繪本（Picture Book）就是以圖畫為主要元素連貫成一個故事的書本，把書中文字全部拿掉，看圖也可以知道整本故事在說些什麼。

　　無論從意義或實用價值上，繪本都給人感覺像是一種精緻細膩的藝術，以它為教學媒介，可以激發孩童五官的敏銳度，藉著父母或老師的引導講述、討論繪本故事及心得分享的過程，能讓孩子學會省思與建構意義的內化，養成閱讀習慣與自主學習的能力。

　　因此，親子繪本閱讀不只是講故事，也不是讓孩子自己閱讀，重點在於透過討論與心得分享的過程，培養孩子的閱讀能力。

　　我綜合歸納了多篇有關繪本結合心智圖法的論文研究，發現**閱讀繪本時，結合心智圖可以提升學生閱讀與寫作的興趣；擷取故事內容關鍵字的能力有所進步，語文理解與寫作能力也會明顯提升。**此外，能透過心智圖對故事內容產生更完整的連結，孩子也會較願意主動發言提問，說出故事的內容重點。

Part
1
初學2問

Part
2
個人成長

Part
3
家庭生活

Part
4
職場工作

親子繪本故事《好想吃榴槤》 ▶ ▶ ▶

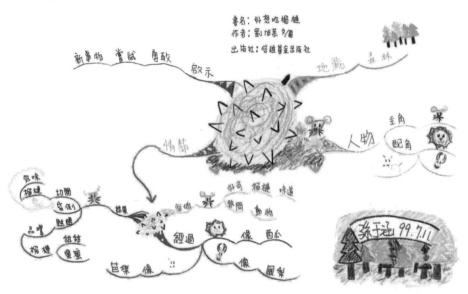

◆ 圖 3-5a 《好想吃榴槤》討論與分享

M i n d M a p p e r

孫于涵

中國文化大學推廣教育部專案經理

孫易新心智圖法講師班 16 期結業（2010 年）

為何需要透過心智圖來帶領孩子閱讀繪本呢？

每一本繪本都有它想要引導孩子認識的意義與知識，一般繪本閱讀方式能透過書中呈現的畫面、元素與文字，由講者（家長或老師）說給孩子聽，或由孩子自行閱讀，進而學習繪本中想要帶給孩子的教育意義。透過心智圖，不僅能達到這個目的，更能藉由心智圖法的擴散性思考與垂直性思考，加強孩子對繪本內容的理解，增強邏輯思考的能力。

帶孩子運用心智圖閱讀繪本的第一步，便是先讓孩子讀過一次繪本，結束後引導孩子思考這本書最重要的是什麼（亦即中心主題）。以《好想吃榴槤》為例，最核心的關鍵就是榴槤，因此在心智圖上透過視覺，就能得知一本書的核心重點。

　　抓到核心重點後，從最簡單的人、事、時、地、物切入，與孩子進行討論。以《好想吃榴槤》為例，透過與孩子的討論，得知發生的地點、人物有誰，甚至能清楚判別主角與配角。

　　在故事情節部分，可試著請孩子說出事情是如何發生的，接著發生什麼事，最後故事如何結束，讓孩子清楚了解故事的起承轉合。透過心智圖的記錄，能一目了然看清繪本的結構，除了讓孩子口說以外，帶孩子看著心智圖，從地點、人物、情節再次複習，能加強孩子對繪本內容的理解，並領悟出它所要表達的意義（啟示），一一記錄在心智圖上。

　　使用心智圖閱讀繪本，不僅能保有親子繪本閱讀原有的好處，更能帶領講者與孩子一同解析與思考內容，加強孩子的分析理解能力，透過共同思考建立更多親密聯結。

　　試著運用心智圖帶領孩子閱讀繪本吧！把繪本內容整理成心智圖，讓繪本不只是繪本，而是孩子腦袋中的一張地圖。

【孫易新老師點評】

　　將故事內容以人、事、時、地、物來分析，可以提升對知識的理解；以時間順序的開始、經過、結果來描述，則可增進情意的感受。

　　于涵以這張心智圖帶領繪本閱讀，讓小朋友先掌握故事中的關

鍵元素，例如故事在哪裡發生、主要人物有誰，然後才討論故事情節，如此一來，孩子對劇情發展的感受會更加深刻。

　　說到這裡，各位可能會想知道，可不可以先將故事內容依事情發生順序分為開始、經過與結果，然後說明每一階段人、事、時、地、物的種種狀況。這當然是另一種學習方式，更強化對故事內容的情意感受，再來就讓我們從【大象再見】這張繪本心智圖來看看共通點與差異之處在哪裡。

親子繪本故事《大象再見》 ▶ ▶ ▶

◆ 圖 3-5b 生命教育繪本《大象再見》

洪湘庭

親子教育工作者

孫易新心智圖法講師班 27 期結業（2015 年）

　　第一次閱讀這本書，是應五歲兒子要求睡前唸故事、共讀繪本。有一天，兒子挑中這本《大象再見》，我想這就是一本生命教育的繪本罷了，在孩子心中埋下小小的種子，白話說就是先打個預防針，將來一旦面臨生離死別，比較不會受到過大的負面創傷。但是，沒想到讀著讀著，竟忍不住哽咽流淚，這才發現，原來需要生命教育的並不是小朋友而已，就連我這個中年婦女也非常需要。

　　由於本身對親子、親職教育有興趣，加上對心智圖的肯定與熱愛，原本我就計畫著手繪製繪本心智圖，所以這並不是我的第一張繪本心智圖，但卻是讓我流最多淚水的一張！在繪製過程中，我更深入感受到這個故事所要傳達的意義，思緒也跟著融入情緒。

　　我畫這張【大象再見】繪本心智圖的步驟是：

　　先把整本繪本瀏覽過一次；在第二次閱讀時，腦子裡開始思考故事結構，比方說起承轉合、人事時地物；然後決定分成開始、經過、結局、心得，做為心智圖的四個主幹。我選擇了綠、藍、土黃、紅四種不同的顏色區分這四大部分，每一個色彩的選用，自有我個人賦予的意義：

　　「開始」，我選擇用綠色，因為綠色給我的感覺是生命力、生命的初始。

　　「經過」，我選擇用藍色，因為藍色使我聯想到細水長流與大海，那是一種細水綿延、長流的時間感，並且大海蘊含豐富。畢竟每個故事的經過，往往包含了較多、較長的內容。

　　「結局」，我選擇用土黃色，代表的是大地，因為我覺得結局是一種塵埃落定的感覺。

　　「心得」，我選擇用紅色，因為我覺得那代表重要、注意、提醒的意涵。繪本故事往往帶給人們一些啟發，傳達一些觀念及理念，這也是它的意義與價值所在，更是給予我們的幫助和益處。

　　接著，我開始從故事內文中找出各個段落的關鍵字。當然，要盡可能掌握心智圖的關鍵字原則。從四支主幹去延伸分支，例如：在「開始」的部分，可依人、事、地做為分支線，將關鍵字一一填上，進而完整描述故事地點、主角、事件。

　　以此類推，其他「經過」、「結局」、「心得」也都是依同樣方式延伸發展。

　　在繪製心智圖過程中，一遍又一遍的檢視，注意盡可能符合心智圖繪製的原則、流暢度、邏輯性，並且加以調整。

　　然後在自己認為重要的地方加上插圖。因為在心智圖當中加插圖，會更吸引目光注意，是很好的標示重點方式，可以立即掌握全文的精要，而且往往所加的插圖也都有自己的意義連結。

　　我在「心得」加上禮物的插圖，是因為我覺得閱讀這本《大象再見》繪本帶給我的收穫，是一份無價的禮物！

　　此外，我也在左上角「一切都會很好！」這句話上加了一個插圖，這個彩虹插圖象徵雨過天晴，我認為它是《大象再見》這個繪本故事最終要傳達給我們的信念，更是我想要加深、提醒自己的重要信念！看著彩虹插圖配上文字「一切都會很好！」，讓我感到很平靜、溫暖，不自覺地露出微笑。

　　這張【大象再見】繪本心智圖帶給我的幫助很多，而且非常大，包括：

1. 掌握整本繪本故事的架構。

2. 讓繪本故事內容更清晰。

3. 充分了解作者要傳達的信念。

4. 重整自己的心緒,從不願面對到能夠平靜接納生命教育課題,走出原本難以承受的悲傷。

5. 能夠好好對孩子完整說出這個生命教育故事的意義,並跟他進行討論。

6. 體悟到「先安頓好自心,才有能力照顧好孩子的心」。

7. 發現心智圖不只是幫助人們活絡思維、頭腦清楚、理性分析、強化記憶,也可用於療癒心靈,因此決定研發心智圖與心靈藝術治療結合的課程,幫助更多人走出陰霾,邁向美好的人生!

　　謝謝孫易新老師的指導,讓我在運用及調整心智圖的過程中,無心插柳柳成蔭,得到了許多的啟發與領悟,不只是心智的成長,更獲得心靈上的成長,未來我會把這份無價之寶發揚光大,持續傳遞下去!

【孫易新老師點評】

　　兒童故事繪本是開啟孩子認識世界的一個重要媒介,這本《大象再見》,湘庭之前已經講給孩子聽過很多次,也認為是一本生命教育的繪本。但這次以心智圖整理成跟孩子互動的工具時,為何會產生如此巨大的心靈震撼?

　　誠如湘庭所說的,心智圖讓她從故事發生的不同時間點,以及各個時間點的人事時地物,掌握故事的整體架構,並從心智圖連結

到自己真實的世界。這就是心智圖法神奇之處，它就好比一個溝通的媒介，串起作者與讀者的心靈世界，也讓一本兒童故事繪本在心靈療癒的功能上得以彰顯。

此外，我們從湘庭這張【大象再見】繪本心智圖可以看出，她將書本中的文字內容很詳細的記錄下來，嘗試著想用繪本心智圖跟孩子進行討論。

而既然討論對象是孩子，文字部分其實可以大幅減少，在開始、經過與結局的分支之下，改成幾個能觸動與關鍵內容產生聯想的插圖，然後透過家長的述說與引導，讓孩子看著心智圖當中的圖像，說出故事的情節或自己的想法。

※ 延伸應用：參觀藝術展、欣賞兒童舞台劇

6 ▶ 親子學英文

在全球化的浪潮下，學習第二外國語已經不再是被升學考試牽著走，而是融入到小朋友的生活學習。這點從雙語幼兒園、雙語安親班滿街林立，可見一斑。

然而，把孩子送去補習，英語就會進步嗎？會不會造成學習上更大的壓力？會不會因而排斥英語？

我的媽媽日文程度很好，原本我應該有機會講得一口流利的日文，小時候她也很想讓我學會日文，所以日常生活中常用日語跟我講話，但都是在命令我做這個、做那個，或是強迫我，她講一句，就要我跟著複誦一次。她所採用的這種方式讓我很排斥講日語，但當她跟我阿姨用日語聊八卦，我卻大致聽得懂他們在講什麼。

後來我上大學時，有一門必修課程就是觀光日語，老師每週上課都會帶一台卡式錄音機到教室播放音樂，因為他的主要教學內容之一，就是教我們唱日語歌曲。當大家都能朗朗上口的時候，他才開始解釋歌詞的意義，以及當中的重要單字。

從以上兩個我親身的案例，我們可以知道，沒有用對方法來學習，不僅事倍功半，還可能半途而廢。

父母是孩子第一個老師，也是最重要的老師。身為家長如何陪伴孩子學習呢？我們聽聽雲南昆明一位媽媽的現身說法吧！

幫助孩子提高英文學習成績 ▶ ▶ ▶

鄭苗苗
心智圖法專業講師

　　我是一個活潑可愛八歲女孩的媽媽。自女兒七歲半時，我便開始教她學習心智圖法。尤其在她剛剛結束的這一學期（二年級下），我刻意使用心智圖法幫助孩子學英語，果然如預期的，有效提高了孩子的英語學習成績。

　　下面我就以孩子英語培訓學校一個單元知識的完整學習歷程為例，跟大家分享我的親子心智圖法教育經驗，並且解析學習過程。

- 平時我會幫寶貝記錄課堂新學到的英文單字，還在筆記上標注音標。但很明顯，像這樣的線性式筆記對於孩子的複習毫無吸引力，她根本沒有主動學習的慾望。

- 於是我想試試看，如果把單字換成圖片，是否更利於記憶？我和孩子看了圖片，仍然感覺很混亂。

- 線性式筆記與單純的圖片都無法讓孩子有效學習，所以我想到用心智圖來輔助孩子的學習。

　　以水果單字這個單元為例，按照水果六大類別，將所有單字進行歸類，繪製成一張心智圖筆記（圖3-6a），步驟如下：

1. **確定中心主題圖**：因為是以水果名稱歸類，我在中心圖畫了一個柳丁的橫切面，把主題「There are six kinds of fruits.」分寫在六個瓣兒。

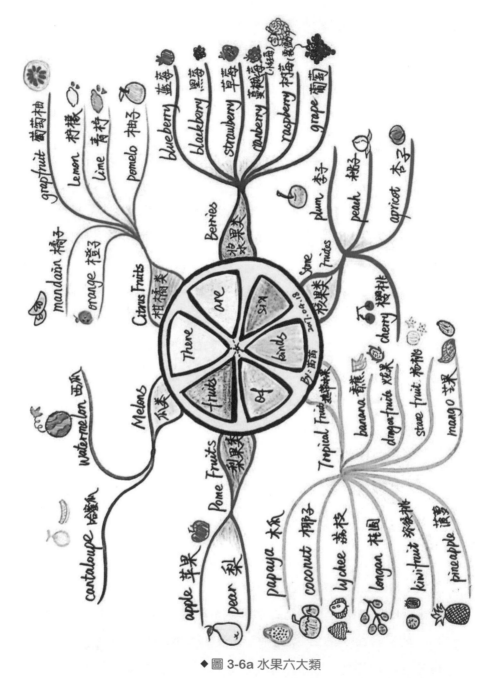

◆ 圖 3-6a 水果六大類

2. **繪製方法**：依順時針方向繪製，利用不同顏色進行分類，並將各種顏色與類別建立關聯。比如：第一個主幹 Citrus Fruits，表示柑橘類，因大多數柑橘類水果都是橙色、黃色，故選擇橙色；第二個主幹 Berries，表示漿果類，此類水果的代表是葡萄，故選用紫色；第三個主幹 Stone Fruits，表示核果類，此類水果以桃子為代表，因此選用粉紅色；第四個主幹 Tropical Fruits，表示熱帶水果，選用藍色，是因為聯想到酷熱中應該來一絲清爽，就像夏季裡令人神往的藍色海洋。

3. **配插圖**：為了說明並記憶關鍵字，在關鍵字全部寫上後，我和寶貝一起在每個單字旁邊配上小圖示。

4. **複習方法**：畫完圖示，寶貝的複習就變得很輕鬆愉悅，只要每天花幾分鐘閱讀幾遍心智圖。試了幾次下來，寶貝對我說：「媽媽，我已經記住這些單字了。」而孩子背得出單字，是因為圖像在她的腦海裡形成了空間記憶。

以上就是應用心智圖法幫助孩子有效學習英語單字的過程。這裡給大家一個小提示：家長可以在學習使用心智圖的過程中，和孩子一起完成繪製心智圖的任務。

對於低年級的孩子來說，他們有小學的學科作業需要完成，放學回家後的時間非常有限，家長可給予適當的理解和幫助。繪製的過程，本身就是教導孩子進行邏輯思維訓練的過程，而且親子共學亦是其樂無窮。

之後，我將水果描述的八個問題與模板，再次繪製成心智圖。有了這張「見林又見樹」的心智圖，孩子就可以游刃有餘的獨力完成每個水果的具體描述。其步驟如下：

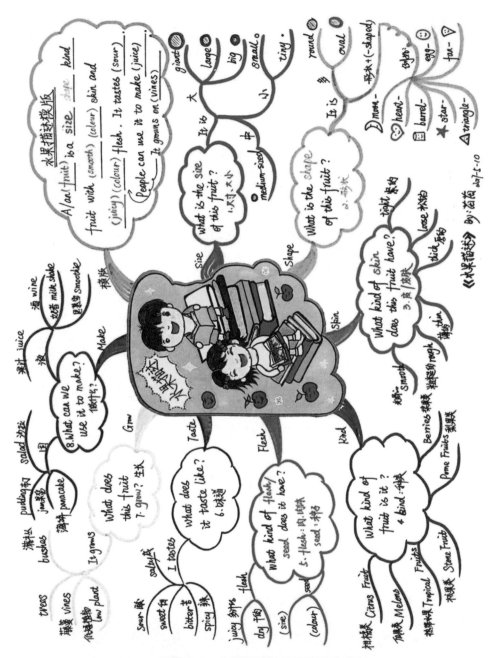

◆ 圖 3-6b 水果描述的八個問題與模板

1. 描述哪種水果就以那種水果為中心圖，寶貝喜歡充滿童趣的卡通水果造型。

2. 八個問題已記在腦中，直接先畫出全部主幹，再寫上關鍵字。

3. 最後將水果描述的筆記完整寫在空白處，以便對照學習。

　　以上，這些就是我的親子心智圖教育經驗分享。心智圖本身所具有的元素，例如顏色、圖像、關鍵字、插圖等，能有效激發孩子主動學習的興趣，幫助孩子提高想像力，有效輔助提升記憶，建立邏輯思維與獨立思考的能力。希望我的分享對您有益。

【孫易新老師點評】

　　苗苗真是一位用心良苦的好媽媽，懂得找方法幫助孩子學習成長。我相信透過心智圖親子學英語，不僅讓她的孩子在快樂學習中記住英語單字，苗苗的英語程度應該也同時提升了不少。

　　由於【水果六大類】這張心智圖是給小學二年級的小朋友閱讀，所以在分類層級上只分成兩個層級。如果年紀稍長，可以試著在六大類之下，再依季節或產地等進行分類，然後才是水果名稱，這樣除了能增加記憶四季或產地的英語單字，更重要的是透過這張心智圖，可達到知識探索與整理的學習效果。

※ 延伸應用：外國人學中文、外語學習

151

7 ▸ 品味極致的人生

讀博士班的時候，與我交情甚篤、亦師亦友的林振春教授經常說：「人來到這世界是來玩樂，不是來工作、來上學讀書的，但為了讓玩樂更有品質，所以要工作、要上學。」

這段話看似有些矛盾，但它真正的意義是，人生的本質是玩樂享受，工作、讀書是支持玩樂的基礎，但不能因為工作、讀書而犧牲玩樂享受。

享受人生的質量程度，每個人的定義都不相同，可以是清心寡慾，也可以是燈紅酒綠；可以是率性而為，也可以是精心策畫。不論你的選擇是什麼，避免傷害健康應該是多數人的前提。

我經常在臉書（facebook）動態消息中看到不少好友分享他們品茗、品酒的消息，其中不乏專家級人物。由於我早年健檢時發現心血管有些許微恙，醫生囑咐我晚上睡前可以喝一小杯紅酒，結果我這一喝就是二十幾年，雖然養成了喝紅酒的習慣，卻總是分不清不同產地的紅酒有何差異，一瓶 300 元跟 3000 元的，其實我也分不出來。

現在稍微有點年紀了，覺得喝紅酒應該要有點品味才行，那麼第一步驟就是請紅酒達人教教我囉！於是這位達人就給了我 153 頁這張【品飲葡萄酒】心智圖（圖 3-7），希望對你也會有所幫助。

品酒 ▶ ▶ ▶

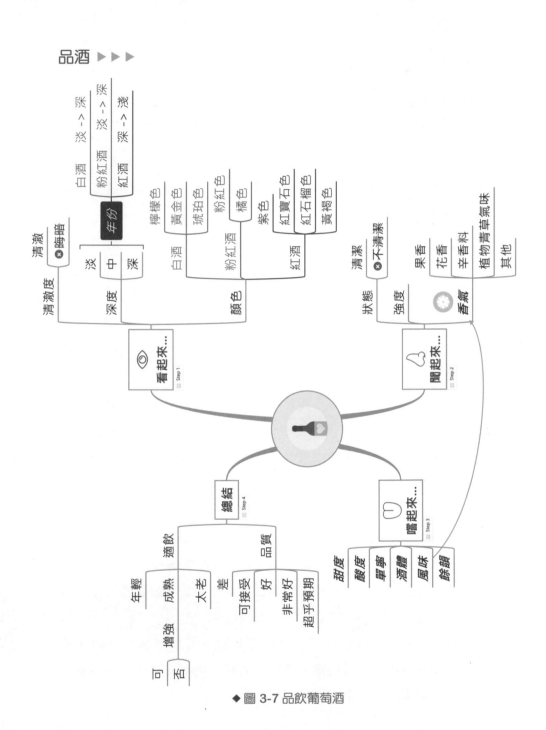

◆ 圖 3-7 品飲葡萄酒

卓克羽

科技公司專案經理

孫易新心智圖法講師班 27 期結業（2015 年）

　　葡萄酒在一般印象是屬於高端的奢侈嗜好，而且入門的門檻很高，有不同國家的產區、不同的葡萄品種、不同的酒莊，甚至連品飲葡萄酒的杯子都有不同的種類。

　　其實在我的觀念中，酒是拿來喝的，不是拿來放的，與其走火入魔去研究各產區的葡萄品種、追求高價酒存放，我認為細細品嚐每瓶葡萄酒的箇中滋味，及其多姿多采的風味，才是葡萄酒迷人的地方。畫這張心智圖，主要是藉由系統化的品飲計畫，在每次與家人或親朋好友品飲葡萄酒的時候，能有系統地享受葡萄酒帶來的感官享受！

　　製作這張心智圖是以感官的腳步出發，一步一步地欣賞品飲，最後作出總結。所以，會從視覺、嗅覺、味覺到最後的總結，逐步感受，主幹上的主要主題使用眼睛、鼻子、舌頭的插圖，並加上標籤標示順序，使品飲步驟一目了然。

　　在「看起來…」主題中，品飲重點在於觀察葡萄酒的清澈度、深度及顏色，以橙黃、粉紅及紅色，分別代表白酒、粉紅酒和紅酒，一眼即可聚焦在品飲酒的種類與年份的判斷輔助。

　　在「聞起來…」主題中，重點在聞看看葡萄酒的狀態、強度和香氣。

　　在「嚐起來…」主題中，分別對組成葡萄酒複雜口感的要素進行整理，包含甜度、酸度、單寧、酒體、風味及餘韻，並加粗字體、使用棕色字凸顯重要性。

另外,在清澈度及狀態的部分,加上 X 標注與刪除線,表示葡萄酒看起來晦暗,或是聞起來有不清潔的味道,代表這瓶酒已經壞了。而葡萄酒最迷人的地方,就是聞起來多采多姿的香氣,以及嚐起來千變萬化的風味,所以在此加上插圖,並用關連線相互參照,代表這是品飲葡萄酒很重要的部分。

藉由這張簡單的心智圖,將複雜的酒標、產地等資訊排除,完全聚焦於品飲過程需要注意的部分,可幫助在品飲葡萄酒時,系統化一步一步地了解葡萄酒的內涵,讓品酒成為人生的一種享受!

【孫易新老師點評】

從克羽這張心智圖的結構與內容,再次印證了心智圖雖然是自己的心智地圖,但並非毫無章法,必須依據不同的目的性,展現出不同的結構與內容。

今天如果是酒廠或酒商要介紹自己生產、銷售的酒,相信跟克羽這張品酒的心智圖或許會有些共通點,但一定也會有所差異。產地與生產年份對酒廠、酒商可能是重要的,但對某些品酒人士卻不是考量重點。

因此,在遵循心智圖法的規則之下,很難去評論不同人所繪製的心智圖究竟誰的比較好,只有自己清楚適不適用。

※ 延伸應用:品茗、健康美食饗宴、蒐藏藝術品(或郵票、錢幣)

8 ▶ 家庭用品庫存管理

庫存管理，包括倉庫管理與庫存控制，無論對製造業或是服務業，都是一項重要的控制程序，它不僅要避免超存，也要注意是否缺貨，因為這關係著供貨的順暢與資金周轉，如果庫存管理得當，可以避免掉許多浪費。

那家中的日用品是不是也應該做好庫存管理呢？

當然要啊，否則買多了用不完，或是放到忘記、過期，造成不必要的浪費，豈不心疼。

尤其有些人習慣去量販店採購日用品，很多食材、衛生和清潔用品都是大包裝，沒有做好庫存管理的話，有的人可能會一買再買，不知不覺形成無謂的囤積。

記得幾年前，有一次採買了豐富的食材準備過年，裡面當然少不了我們家年夜菜單上一定會有的烏魚子，但是當我要把剛買回來的真空包烏魚子放入冰箱冷藏時，竟然發現角落還有去年剩下的，放了一整年，也不知道是否有變質，當下因為怕吃壞肚子，只好忍痛丟棄，想想那烏魚子好貴啊！實在好心疼。

你是否也有碰過類似的情況？

家庭用藥、化妝品是不是也經常放到過期呢？來看看心智圖法怎麼幫我們解決這個困擾！

藥妝品庫存管理 ▶▶▶

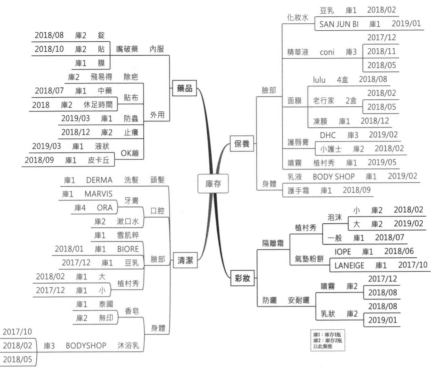

◆ 圖 3-8a1 藥妝庫存清單

MindMapper

蔡舜涵
浩域企業管理顧問股份有限公司課程顧問
孫易新心智圖法講師班 29 期結業（2016 年）

　　身為一名女性，保養品、化妝品、各類藥妝，絕對是囤貨、囤貨、再囤貨。母親節檔期、週年慶特惠、日本旅遊，一買再買，買到庫存都能堆座小山了，仍不敵眼前的一罐保養品，衝動後，家裡就又多了一罐庫存。庫存多就算了，還經常放到過期，真的非常苦

惱。購物時，以為自己少了化妝水，但其實是少了精華液，就這樣又多堆兩瓶化妝水，為了減少這樣的困擾，我決定運用心智圖來管理我的藥妝庫存量。

我將藥妝品依照功能分為保養、彩妝、清潔、藥品等四類，並用顏色做區分，「保養」會讓人聯想到保護皮膚、保養臉蛋等，所以用具有保護、溫暖意涵的橘色表示；「彩妝」讓人感覺比較華麗、正式，因此用帶點神祕華麗的紫色；藍色總使人聯想到清潔、乾淨等等感覺，正好符合「清潔」這個分類；醫療相關如急診、紅十字會都是用紅色來提醒，所以「藥品」就用紅色。顏色的區分，可以加強自身對每個分類的感受，更能幫助記憶。

在四大類的內容分類上，我特地做了日期與庫存量的分類，有利於衡量使用順序，依時間或庫存量選用，例如：面膜用完了，要先拿效期最近的老行家2018/02這一盒來用；或是牙膏ORA庫存多，先用這個品牌的。

大部分的人都不可能會花時間去記藥妝庫存，但你今天要去購物時，只要掃描貼在牆上的庫存清單，就可以快速瀏覽，知道今天需要採購哪一類商品，大大減少購買錯誤的風險。

【孫易新老師點評】

舜涵這張心智圖主要功能是在克制莫名的採購慾望，將這張心智圖檔案存放在手機裡，逛藥妝店時，如果被眼前的瓶瓶罐罐激起購買衝動，就趕緊拿出手機瞧一下。由於舜涵是以功能進行分類，因此很快就能看出眼前這個誘惑是否真的是需要的，還是家裡已經有庫存了。

Part
1
初學20問

Part
2
個人成長

Part
3
家庭生活

Part
4
職場工作

舜涵在心智圖當中為每個品項加上了品牌、數量與保存期限，這也有其價值性。因為女人就是要寵愛自己，對吧？（我如果說錯，要糾正一下蛤～）當眼前出現誘惑商品時，雖然從心智圖看出家中已經有這項產品，但沒有這個品牌，或庫存量不多了，難得來到法國巴黎旅遊，就任性一下唄！

用電腦繪製心智圖管理庫存還有一項功能，就是資訊的搜尋，這幾乎是文書處理軟體都有提供的功能。例如我們想知道庫存品有哪些會在今年底以前過期，由於心智圖上有保存期限這個小類，只要搜尋「2017」，就會出現這張圖裡有描述「2017」的項目。因此，只要在建構庫存管理的心智圖時，掌握好分類原則，它就好比是一個小型庫存管理系統，你可以根據不同條件去搜尋所需的品項。

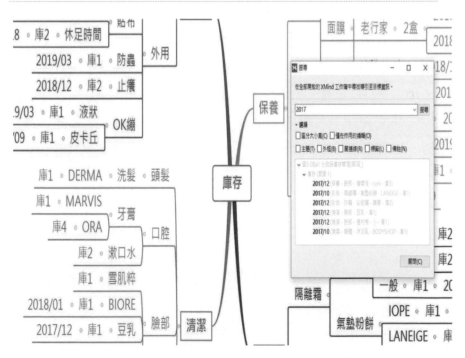

◆ 圖 3-8a2 藥妝庫存管理進階應用 - 搜尋資料

看了這麼多案例，相信你不僅可以感受到心智圖法的優點，也對心智圖筆記的製作有了初步了解。為了加深大家的印象，在進入下一個應用之前，我們再透過一位講師班結業學員的案例：冰箱陳列管理，逐步解說繪製心智圖筆記的步驟，給大家做一下複習。

冰箱陳列管理 ▶ ▶ ▶

MindMapper

段衛綱
心智圖法專業講師
孫易新心智圖法講師班 30 期結業（2016 年）

朋友送來一隻北方山裡的風乾羊腿，深圳天氣炎熱，必須馬上放入冰箱冷凍保存。偏巧平日主掌家中飲食的父母外出，當我打開已服役十多年的老冰箱，頓時傻眼，各種不知道裡面裝著什麼的袋子堆滿了小冷凍室，一點空間都沒留呀！

於是大動干戈斷電除霜，清理所有冷凍食品。整理時突然想到，把冷凍室的食品陳列畫成一張心智圖，年邁的父母只要看貼在冰箱門上的心智圖，不用彎腰打開翻看，也會減少不記得冰箱裡有什麼，總是多買的狀況發生。

1、確認中心主題，繪製中心圖像

這次我要畫下冰箱冷凍室的陳列，所以中心主題就叫做【冷凍陳列】。在 A4 紙中心約 5 公分左右範圍，先畫下我家可愛的黃色西門子小冰箱和冷凍室的三個抽屜，抽屜裡加一些形狀代表裡面的食物，左上角寫上中心主題：冷凍陳列，最後加一些灰色的雪花點綴畫面，強調「冷凍」的感覺。

◆圖 3-8b1 冰箱陳列管理心智圖 - 確認中心主題圖像

2、選擇顏色，繪製主幹線條

冷凍室抽屜分為上、中、下三層，我的主幹也按照這個排列，方便父母依圖拿取食物。

◆圖 3-8b2 冰箱陳列管理心智圖 - 選擇顏色，繪製主幹線條

上層通常是可即食的（煙熏三文魚）、半成品（餃子、肉丸）等食品，保存期限一般都在兩週左右，所以我選用紅色，提醒這一層要盡快吃掉。中間通常放冷凍肉品，保存期限約三個月左右，我選擇藍色，表示這個抽屜的也要記得吃。

我老家在湖南，有吃臘製品的習俗，春節前總會收到親戚特製的臘製食品，小時候在舅舅家，這些東西都被掛在火塘上，保存時間很長，到了深圳就必須直接冷凍，因此冷凍抽屜的下層很長時間都被這些臘製品佔據。所以我選用看起來比較讓人安心的綠色，表

示下層的食物保存期限比較久，慢慢吃就好。

我習慣把選好顏色的彩色筆和鉛筆單獨放一邊，這樣不用每次都在一大堆筆裡面一直找。

3、開始繪製冷凍室上中下三個抽屜裡具體的陳列食品

先來畫上層。首先畫出下一級分支：即食和半成品。

◆ 圖 3-8b3 冰箱陳列管理心智圖 - 繪製分支主題

每種食品的後面，都註明分量及賞味期限，方便父母看到後依此評估做飯時取用分量、食用的時間，制定採買補充計畫。

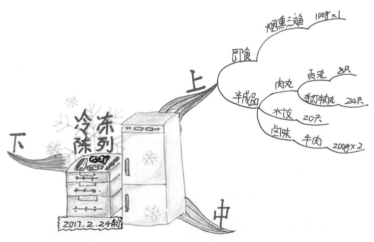

像這樣依次把上、中、下三層抽屜的食品都放到心智圖裡面。

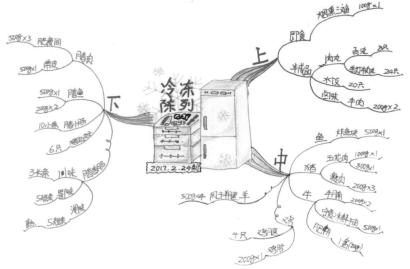

◆ 圖 3-8b4 冰箱陳列管理心智圖 - 完成分支主題

4、用插畫標注重點

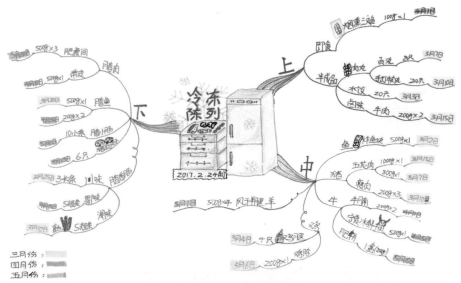

◆ 圖 3-8b5 冰箱陳列管理心智圖 - 插畫來標註重點

　　上層抽屜裡的煙熏三文魚，是父母不愛的食物，常常會被老人家忽略，所以加上插圖；肉丸是老爸常用的應急速成湯食材，每每

Par
1
初學20問

Par
2
個人成長

Part
3
家庭生活

Par
4
職場工作

逛超市都會覺得應該再買一些，為防止老人家買太多，特意加上插圖提醒他：冰箱裡已經有很多存貨了哦。

中層抽屜有一袋炸魚塊，是老爸做好的半成品，應該盡快食用，趕緊加上插圖。還有孩子愛吃的雞腿，老爸也常會買多，畫上一隻雞腿提醒。

下層抽屜的臘製品，有一份湘味香腸是蒸熟過的，畫上圖提醒要優先吃。

這張心智圖裡比較特別的是，我用了三種顏色的螢光筆，把食物的最佳食用期限（賞味期限）加上了底色，主要是方便父母在每日採購前和做飯的時候核對查看。清理食品時，我還在自己分裝的食品包裝袋外面都貼上標籤貼，方便檢視取用。

也給你們家的冰箱冷凍室畫一張陳列心智圖吧！不需要開冰箱門就知曉裡面的食品，節能省電又環保；還能幫助制定每日餐食計畫和超市採買清單哦！

【孫易新老師點評】

衛綱透過她的這張冰箱陳列管理心智圖說明繪製心智圖的過程，圖中的內容結構清晰、層次分明，給大家做了一個很好的示範。

她這張心智圖當中，冰箱冷凍室不同層的東西彼此剛好沒有什麼關聯性或重複性。如果有的話，就可以使用關連線條來指出不同層的東西是有相關的。假設想烹調放在上層即食區的某一食材（例如蔬菜），而如果加一點放在下層的臘肉，風味可能會更好，就可以從上層蔬菜的地方拉一條關連線到下層的臘肉，提醒父母炒青菜

的時候不妨加點臘肉。

應用心智圖法將家裡的東西做比較清晰的分類整理，除了可以好好利用、避免放到過期或重複購買，還有一個好處就是很快能找到所需的物品。相信大家多少都有購書的習慣（不然你怎麼會買這本書呢！），但是書一多，常常就會找不到想要看的那本書，特別是小朋友的兒童繪本、故事書。

如果我們將心智圖法比喻成大腦的擴充作業系統，那麼書櫃就是大腦的外接硬碟。電腦硬碟需要格式化，區分出儲存不同檔案的資料夾；同樣道理，書櫃也必須依照閱讀的目的，規劃不同的區域，讓我們可以輕易找到想要的資料，以提升學習效率。

進入學齡期的孩子，書籍是學校教育主要知識來源之一，做好書籍分類，不僅方便快速找到資料，也能培養管理能力。理想的書櫃可分成四大區，分別是待閱讀區、主要區、工具區與回收區：

「待閱讀區」好比圖書館的開架閱覽區，擺放著新購買的書籍、每月訂閱的期刊雜誌等，這個區域不一定是一個實體書架，它可能是書桌的小角落，或是客廳沙發旁的小茶几，只要視線隨時能夠注意到，方便翻閱，避免放到忘記即可。

「主要區」好比圖書館的藏書區，是知識的寶庫。以學齡期的孩子而言，可先分成兩大類，分別是學校用書與課外讀物。學校用書分成課本與參考書；課外讀物則可依興趣或配合學校課程領域區分成語文、自然科學、數學、歷史、地理、傳記、小說等，升到高年級或中學，可依需求再增加其他類別，例如運動、科技、政治、經濟、文化、教育、管理等。

「工具區」擺放的是幫助學習的工具書，例如字典、地圖、成語等，因此理想位置是在書桌上，方便讀書的時候隨時取用。

「回收區」則是過期的雜誌，用過的課本、參考書，以及再次閱讀機率很低或保存價值不高的課外讀物。這一區的書籍可依利用性分成兩大箱，一箱裝可供他人閱讀的書籍，利用寒暑假陪同孩子一起在二手書店轉賣，或贈送給偏鄉的學校；另一箱裝無閱讀價值的，找時間陪孩子再次確認後，送到資源回收站。有了回收區的處置，不但可避免書架過於擁擠，還能讓孩子學習如何處理不良資產，自己賺點零用錢，珍惜物資，培養愛心、同理心，真是一舉數得。

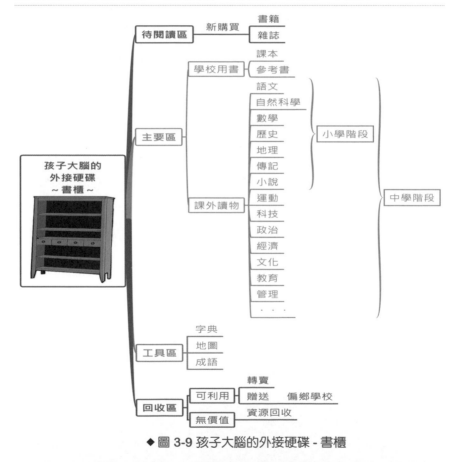

◆ 圖 3-9 孩子大腦的外接硬碟 - 書櫃

※ 延伸應用：玩具分類整理、衣物分類整理、家庭用藥管理

Part

4

[職場工作]

心智圖法的生活應用之三

心智圖法已經被國內外諸多企業應用於創意思考、企劃構思、專案管理、問題分析與解決、會議溝通、職涯規劃、知識管理、職場學習等。同時，它也是不少知名企業家的共通思維模式之一。

二十餘年來，我對心智圖法在職場的應用，一直持續進行深入的分析與研究，除了將英國博贊先生的心智圖法在應用層面的廣度與深度更加豐富化之外，也梳理出其理論脈絡和依據，融入相關管理策略、方法與工具，讓代表華人的心智圖法～「孫易新心智圖法®」更先進且富有實用性。

如果你對心智圖法的理論基礎感興趣的話，請參考《心智圖法理論與應用》一書中的說明。

※ 掃描 QR Code 點選圖號
點小圖看大圖，閱讀學習更輕鬆

應用 1 創新企劃構思

　　在創新經濟當道的今天，不論是新產品的開發、新市場的開拓、新生產要素的發現、新生產方式的引進，以及新企業組織形式的實施，創意企劃無非是工作職場上重要的能力之一，可將我們腦中零散的想法整合成具有創新價值的企劃案。

　　因此，其範圍包括前瞻思考、創意思考、資訊蒐集與統整、問題分析與解決、決策判斷、人際溝通與計畫執行等。2007 年我針對企業人士所進行的一項實證性研究發現，在提升創造力的成效上，比起一般的訓練方案，心智圖法效果更為顯著。

　　歸納原因在於，心智圖法透過圖像的視覺情境思考模式，讓思緒得以源源不絕地產生，有助於提升創造思考的**流暢力**；心智圖的樹狀結構是記錄思考事情時，不同類別或主題的信息，當我們的思緒持續遊走在不同的主題，可強化**變通力**及**精進力**；掌握心智圖法一個關鍵字的原則，把整個概念簡化到最小單位，讓每個語詞都成為另一個思考的起點，更是能提升**獨創力**；而心智圖法強調同時運用左右腦的心智能力，更清晰洞察事物的本質，則是**敏覺力**的基本條件。

　　下面我將以幾個上班族工作上常會遇到的實際案例，說明心智圖法如何造就高績效的職場金頭腦。

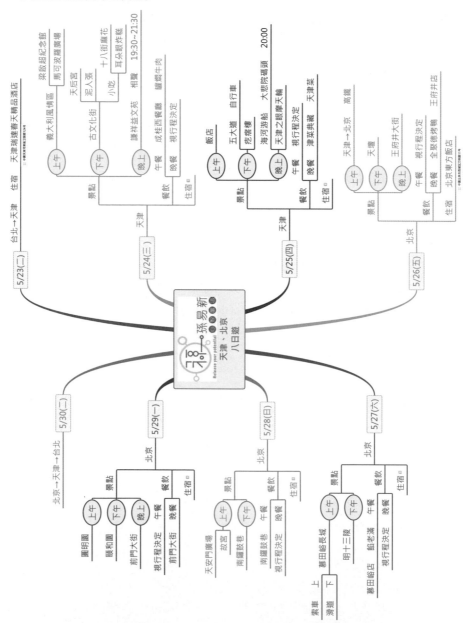

◆ 圖 4-1 員工旅遊行程規劃：天津北京八日遊

黃靖芬
心智圖法專業講師
孫易新心智圖法講師班 25 期結業（2014 年）

2017 年公司員工旅遊我們決定採取自助旅行的方式，這樣可以安排同事們真正想去的景點，旅途中也多了更多自由，可以彈性調整行程。但所謂自助旅行，可不是漫無目的，要能夠順利到達大家想去的地方，擬定出一個屬於我們自己的行程規劃就至關重要了。

傳統行程表多是以條列式文字呈現龐雜的資訊，閱讀時讓人宛如陷入文字海般，找不到重點，於是我決定採用心智圖呈現這次的行程，以視覺化方式彙整行程中的重點資訊，清晰易懂且有助於查閱。再加上心智圖軟體在內容修改操作上非常便利，可以讓我們更快速彈性的調整內容。

不過，由於我對這次的旅遊地點天津和北京並不是很熟悉，所以第一步就是先上網爬文，整理出兩地有哪些熱門或私房推薦景點（含餐廳），對天津和北京的旅遊景點建立一個輪廓，再調查同事們想去的景點有哪些，篩選出「必去」的景點之後，接下來就可以開始排定每天的行程了。

我們預計在 5/23 到 5/30 旅遊天津 3 天和北京 5 天，所以先在心智圖中建立這 8 天的主幹，而旅遊行程需要規劃的重點有景點、餐飲和住宿三個面向，就在每個主幹後再建立這三個支幹，接著又在「景點」之下劃分出上午、下午、晚上三個時段；「餐飲」只規劃了午餐和晚餐，早餐都在飯店用餐；至於「住宿」，由於兩地各住一間飯店，所以只在入住第一天寫出飯店名稱，其他天都用超連結的方式標示。

接下來要如何將想去的景點妥善安排在每一天呢？

由於採取自助旅行的方式，每個景點都要仰賴大眾運輸工具，或者是靠自己的雙腳到達，所以在排定一天行程的時候，盡量以鄰近或順路的景點來規劃會比較妥當，例如 5/24 的行程，上午先去義大利風情區，下午則安排步行可及的古文化街，而五大道由於車程約 40 分鐘，就安排在隔天的行程。

採用心智圖規劃旅遊行程的優點，就是精簡清晰又便於調整。行前可以直接用這張圖和大家討論行程，想要做任何修改，只要用拖拉的方式就能移動。旅行中這張圖就成了大家重要的指引，只要事先將心智圖匯成圖檔，存入手機中，隨時都能快速查閱，讓我們順利的朝下一個行程前進！

【孫易新老師點評】

靖芬這張以日期為主要主題（主幹）的員工旅遊行程規劃心智圖，很方便在旅遊過程中依照時間順序查核接下來的景點。

如果一開始構思規劃旅遊行程時，可以先按照城市、區域來分大類、中類，再把相鄰的景點放在小類之下，還可以幫助我們進行時間的安排，減少不必要的交通時間。

此外，計畫總是趕不上變化，在旅遊行程中，往往無法精確的掌握時間。因此，這張心智圖還可以在必去的景點加個小插圖，便於在時間不夠的情況下快速做出取捨；或是在「景點」這個主題以備註方式補充相關資訊，超連結到景點的官方網站，以便隨時查詢開放時間、交通方式等。

寫書計畫 ▶ ▶ ▶

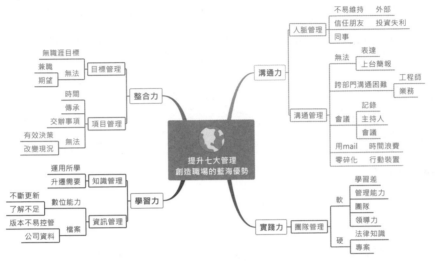

◆ 圖 4-2 企劃構思：寫書計畫

M i n d M a p p e r

蔡興正
心智圖法專業講師
孫易新心智圖法講師班 23 期結業（2013 年）

　　身處於知識爆炸的時代，書是最佳的傳播方式，若能將自己的經驗、知識、想法……等，有系統的整合，不但能用普泛化的方式透過書籍做個人品牌介紹，也可以經由寫書的過程，讓自己的知識更趨系統化。

　　那麼要如何開啟寫書的計畫與內容呢？寫一本書，可以將它視為一個專案計畫來執行，專案一開始必須對這一個計畫進行範疇的勾勒，讓自己的思緒更為清楚。該如何展開？善用心智圖法就是一個很好的方式。

一本書的內容，可以從許多面向切入，但幾位作者要如何快速達到共識，整合彼此的想法，以利下一階段開展結構化的思維？心智圖法就是最佳的溝通方式。利用一張心智圖，整合幾位作者的想法，達到聚焦的效果，再根據聚焦方向，持續進行思維的開展，之後無論內容要修正或新增，都有共同的基礎可以溝通與討論，達到「一紙思考溝通」的最佳效益。

　　完成這一張具有共識的心智圖，在過程中交錯了擴散性思考與收斂性思考，詳細操作步驟如下：

1. 聚焦中心主題《心智圖法之職場必勝秘笈》，以小卡片寫下關於職場的各種問題。例如，會議無效率、學非所用……等，沒有任何限制，點子越多越好，可以幫助釐清思緒及問題點。

2. 完成腦力激盪後，將所有寫在小卡片的點子進行歸納，形成小類、中類與大類。歸納的過程，腦中若有產生其他的點子，可以再寫下來加入類別中。

3. 初步歸納好之後，利用方便操作的心智圖軟體，進行視覺化的整理，將所有點子鍵入，調整版面或修正都很容易。

4. 在整理的過程，同時構思主題，分別為人脈管理、溝通管理、團隊管理、知識管理、資訊管理、目標管理、項目管理等七個主題。這樣對整本書的章節就會比較有概念。最後再想像一個畫面，若能精進這些能力，將會在職場中找到一片「藍海」，書名可以從「提升七大管理，創造職場的藍海優勢」這個方向去想，再加入一張更具意象的圖片做為中心主題。

5. 此外，團隊的腦力激盪也可以融入個人腦內知識。過程中，回想曾經讀過一篇文章，提及未來職場要強化的是軟實力，主要有四個面向，分別為溝通力、實踐力、學習力、整合力，所以

Part
1
初學20問

Part
2
個人成長

Part
3
家庭生活

Part
4
職場工作

就用這四個面向做為七個主題項目的分類，完成 173 頁這張心智圖（圖 4-2）。

從一個念頭發想，到一群人的想法產出整合；從不知如何開始，到有了一個聚焦方向，是一張心智圖具體呈現的結果。但其過程更為重要，除了運用心智圖法的操作步驟，亦結合管理學上的知識，將所有方法與知識進行融合，目標的實現才有它的可行性。

【孫易新老師點評】

英國的博贊先生指出，心智圖法是一種放射性思考模式（Radiant Thinking），思維是從一個中心主題向四周展開。但職場的實際情況是，還會有另一種由四周凝聚到核心的歸納模式。

一般來說，西方世界重視理性，思維較偏向分析式的由上到下（top down）、從抽象到具體，在心智圖當中就是從中心向四周發散展開的結構；而東方世界較講究經驗主義，著重對事物或概念構想的歸納，這是一種由下往上（bottom up）的結構，也就是從具體到抽象。

今天在職場中所召開的每一場會議，參與討論的成員發言內容有可能是抽象概念，也有可能是具體事項，這時候從中心向四周展開的放射性思考模式就出現了局限性。因此，結合由上到下與由下往上的雙模式，就有其必要性與重要性了。

早年尚未有繪製心智圖的軟體問世之前，要做到這點確實有困難，但現在已經有多款好用且免費的軟體可以選擇，實在是心智圖法愛好者的福氣啊！

策畫研討會 ▶ ▶ ▶

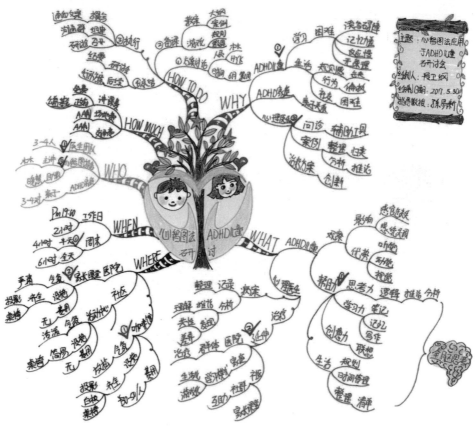

◆ 圖 4-3 創新企劃：策畫 ADHD 兒童研討會

MindMapper

段衛綱

心智圖法專業講師

孫易新心智圖法講師班 30 期結業（2016 年）

　　我的朋友黃醫生，是一家醫院 ADHD（注意力不足過動症）兒童心理科的負責人，也是心智圖法的使用者。黃醫生看到我帶孩子

繪製心智圖，覺得心智圖法應該對 ADHD 兒童也有幫助，約我和她的同事們召開一次研討會，共同探討如何使用心智圖法幫助 ADHD 兒童學習和生活。

這是我第一次承接這個主題的研討，立刻想到了用創新企劃構思的 7R 思考法幫助我策畫這場研討會。

首先準備一張橫放的 A4 紙，在正中央繪製中心主題。我選擇了雙手托舉構成的心形做為主要形狀，並在心裡畫上了兩張兒童的笑臉，代表心理諮詢與 ADHD 兒童。然後在中間畫一棵樹，象徵心智圖法，樹上還加了橙色的星星和紅色愛心，因為人們常形容 ADHD 兒童像是遺落在塵世的星星，他們需要更多的關愛。

接下來開始繪製主幹。7R 思考法是一種動態的創新企劃方式，在心智圖繪製中有兩點很特別：一、主幹的繪製有固定順序，必須先完成 WHY（Rethink）和 WHAT（Reconfigure）；二、每個主題都要充分發散，在做出收斂之後，才進入到下一個主題。因此，應用 7R 思考法繪製心智圖時，和平常文章筆記的順序不同，通常會完成一個主題所有內容後，才繼續下一個主題。

按順序進行擴散和收斂。根據這次要分享及研討的主題，我選用橙色畫出第一個主題「WHY」，象徵大家共同為 ADHD 兒童努力的積極心態，然後從應用心智圖法可能的受益物件：ADHD 兒童、ADHD 家庭、心理醫生三個角度來思考，在他們的學習、生活和工作中有哪些需求？心智圖法與這些需求會有什麼聯繫。

一直以來，心智圖法這種調動全腦思考的視覺化思考工具，被認為是學習困難者的福音，也是提高工作效率和創意思考的最佳工具。我先列出「ADHD 兒童」在學習和生活上的一些困難，以利於後續因應解決；另外「ADHD 家庭」常因孩子在學習和生活方面達不到同齡

孩子的水準，導致親子關係惡化；「心理醫生」在問診和案例分析、制定治療方案時，也希望使用更有效的思考方法和輔助工具。

大多數的 ADHD 兒童，往往因學業上困難重重，日常生活也非常糟糕，家長對孩子的狀況束手無措，才想到求助專業的心理醫生。所以我認為用心智圖法幫助這些兒童解決學習困難和生活難題，是首要的研討內容，於是在「ADHD 兒童」這個分支上打了一個勾，並寫下重點標記；而心理醫生若能準確分析影響孩子發展的綜合性因素，就能更有效地開展診斷和治療，這一點對就醫的 ADHD 兒童非常重要，所以我在分支「心理醫生」上也做了重點標記。

根據以上確定的目標，此次研討會將重點探討如何幫助 ADHD 兒童克服學習困難、解決生活難題，並且還要幫助心理醫生提高診斷效率、創新治療方案。

第二個主題「WHAT」，圍繞 ADHD 兒童和心理醫生進行發散。這項工作需要極大的耐心，所以我選擇了綠色。

我從觀察和幫助兩個角度來開展針對「ADHD 兒童」的研討內容，「心理醫生」則從病案（病歷檔案）和治療兩個方面考慮。透過心智圖這種讓思維顯性化的工具，更容易觀察到 ADHD 兒童的身體缺陷，對他們在學習方面的影響（干擾），更重要的是找到他們的優勢模式並強化運用，進而幫助他們提高思考、學習、創意和生活能力，所以同樣在幫助這個關鍵字加上重點標記；心理醫生如果能把專業治療從醫院延伸到家庭和社區，對 ADHD 兒童來說將是一大福音，因此我也在治療以下的延伸這個關鍵字加上重點標記。

確認完研討會的目的和研討內容後，就可以開始考慮在哪裡（WHERE）召開研討會、哪些人（WHO）參與會讓研討效果更好、什麼時間（WHEN）召開和需要多少費用（HOW MUCH）。這四

Part
1
初學20問

Par
2
個人成長╳

Pa
3
家庭生活

Part
4

職場工作

個要素在發散思考的同時，始終圍繞著研討會的目標（WHY）和研討的具體內容（WHAT），而這兩個主幹確定的重要內容展開，也可能會因為這四個要素的變化，需要修正部分目標和內容。

　　綜合考量以上六項內容，我認為要達到前面的研討目標，應該讓醫生們從緊張的工作氛圍中暫時脫離，邊體驗邊與我進行思維碰撞。於是決定挑一個週末時段，大家共同分攤少量費用，在一家環境優美的咖啡館，和黃醫生的同事們進行一場有趣的研討。

　　再來就得考慮逐步落實這次研討會策畫案了。因為事情比較簡單，直接在「HOW TO DO」這個主題下，列出後續具體工作，並依工作順序分為：方案討論、備課、執行、總結四個階段。

　　做完研討會的策畫案後，我先發送這張心智圖的電子文檔，請黃醫生先看過，再跟她約見面的時間，當面討論是否有哪些內容需要修改或增補，隨後就可以按照策畫案開展準備工作了。

　　我期待著這次研討會能早日順利進行，能夠幫助到更多 ADHD 兒童和家庭。應用心智圖法進行 7R 創新企劃時，不僅要根據自己的經驗加上可能項，也要把認為不可能的事項加上去，這樣才會有更多的新點子出現。

【孫易新老師點評】

　　企劃一個活動時，傳統思維步驟總是想「什麼時候」、「什麼地點」、「活動內容有哪些」，而忘了根本的目的性。7R 的創新企劃步驟讓我們回歸到問題本質，「7」指的是邏輯思考首部曲的 5W2H，「R」是針對每一個項目都要經

歷擴散與收斂的過程。換句話說，所謂 7R，就是先思考目的為何（WHY），再想為達目的要布置哪些內容（WHAT），然後斟酌活動的內容在什麼時候（WHEN）、什麼地點（WHERE）比較合適、有哪些利害關係人（WHO）、相關預算費用（HOW MUCH）等，最後才構思如何執行（HOW），並在考量上述主題項目時，落實創意思考所強調的，先擴散產生許多構想，再收斂較具有可行性或實用性的內容。

5W2H 幾乎是每一場心智圖法研習課程的標準演練題目，但儘管現場大家都畫得很開心，卻鮮少能對職場工作績效產生真正的助益，原因出在大家多半只是把腦海中既有的想法，以心智圖的形式畫出來，缺少了創新性。而「創新」正是快速變遷社會中的致勝關鍵要素啊！

會議溝通 ▶ ▶ ▶

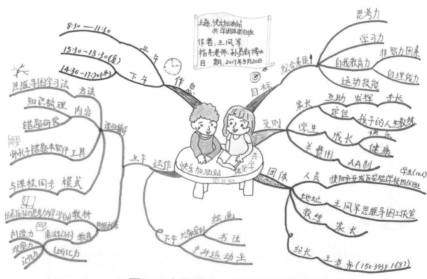

◆ 圖 4-4 會議溝通：快樂加油站活動計畫

王鳳軍

河南濮陽司法局公職律師、心智圖法專業講師

孫易新心智圖法講師班 31 期結業（2017 年）

　　每到週末，除了家庭作業之外，多數孩子還要上各種興趣班、學科輔導班。對此，家長們很無奈，學生很辛苦。於是幾位從事教育工作的家長提議，發揮家長自身優勢，成立共學團體，為孩子們創造一個優良的成長環境和氛圍。

　　成立伊始，共學團體在社區家屬院的一間地下室（找了一塊黑板、湊合幾套桌椅），每週日安排活動。活動中陸續出現不同意見，有的家長要給孩子複習語文、數學，有的說閱讀、作文更重要，有的願意讓孩子學音樂、美術，還有的想讓孩子學習運動技能……，針對運作中所出現的問題，家長一致認為有必要召開專門會議，商議共學團體的相關事宜，以達到統一思想、規範運作的目的。

　　在會議中，我以心智圖法結構化邏輯思考的方式，引導大家針對相關主題開展討論，並透過用心智圖做會議記錄，統一了大家的思想，提高了彼此的認識，明確了共學團體的相關問題。

　　首先，我使用 Xmind 心智圖軟體構思與討論主題相關事項的布局，然後以手繪心智圖的方式引導討論的進行：

　　1、畫出中心主題圖像：在 A4 白紙正中間，畫兩個正在學習的小孩，做為中心主題（快樂加油站共學團體週日班）的插圖，凸顯出主題的內容意涵。

　　2、主題結構：參考電腦所繪出心智圖的布局，選用代表主題意義的顏色，依次畫出目標、原則、團體、運作和作息五個主題。

3、選擇顏色：根據顏色感受性，不同主題選用不同顏色，例如：

「目標」：選用橙色，表示健康、積極，是整個活動的宗旨。

「原則」：選用紅色，表示權威性，是應遵循的大方向。

「團體」：選用藍色，表示理性、智慧和愛，共學團體是一個理性、非功利性、集合眾人智慧與愛的團體。

「運作」：選用綠色，表示團體的運作（包括課程安排、教材、教具的選用都獨具特色）也是具有生命力的，共學團體是一個年輕、有生命力、和諧的團體。

「作息」：選用紫色，表示權威、警戒意義，是共學團體正常運作的基本保障，也是應當遵守的重要規則，如果不能好好遵守，將會發生混亂。

4、添加分支內容：按照一主題一顏色、相鄰主題不同色、字在線上、字線同色的規則，依次添加各主題的具體內容。

5、加插重點圖案（符號）：在重點內容的地方加畫插圖，凸顯其重要性，吸引注意力，同時有利於記憶相關內容。例如：中心主題圖像用三色以上畫了兩個共學小孩，凸顯共學團體主旨；目標上方畫箭及靶心，形象逼真；綜合素質右邊的↑表示提高；費用前面的￥是通用符號，凸顯明確費用的重要性；左側的思維導圖學習法（心智圖法）是共學團體活動的主要方法，加上插圖以示強調；師孔子錯題本軟件是一個重要工具，畫上商標，吸引注意力；《培養孩子的思考力與學習力》這本教材對共學團體太重要了，加插書本圖案點出重要性；桌遊是共學團體的重要教具，以一個長方體盒子表示；戶外運動也是共學團體的重要特點，有別於其他課輔班、興趣班，所以加個運動小人的圖案強調。

在擴散思考（充分討論）的基礎上，又經收斂思考所形成的這

張心智圖（圖4-4），成為規範共學團體思想、行為的大綱。在這張心智圖當中，目標、原則、團體、運作及作息等五大主題，簡潔醒目，一目了然，團體成員只需按照擬定的課程表參加活動，再也不用一事一議，頻繁溝通，很是省心。

更重要的是，克服了原來認識不統一、目的不明確、思路不清晰、措施臨時湊、效率不高、效果不佳的弊端，用這張心智圖指導共學團體，整個活動規劃井然有序，高質高效，效果非常明顯。由此，心智圖法的魅力和威力可見一斑。

【孫易新老師點評】

第一眼看到這張心智圖，一定會被中心主題的圖像吸引。鳳軍以圖文並茂的方式，畫了充滿創意且與主題相關的兩位小朋友圖像，並且在圖中的桌面上，以文字寫出會議討論的主題，這種圖文框形式常出現在寫一串字的時候，特別適合用在需要書寫專有名詞與不可分割的概念。

在鳳軍的這張心智圖當中，我們可以發現到，不少分支線上寫了一串字。其實遇到這種狀況，用圖文框呈現，效果會更好。例如左下方「教材」的培養孩子的思考力與學習力，這是一本書的名稱，所以可以畫一本書，然後把書名寫在圖像上。這種以圖文框呈現資訊的形式，是手繪心智圖的優勢所在，不僅可以明確傳達資訊，又有合適的圖像幫助激發創意聯想，以及對主題內容的記憶。

※ 延伸應用：尾牙餐會、迎新活動、新產品發布會

183

現代人的生活大概都離不開手機，訊息傳遞也都透過各種通訊軟體，不僅費用大幅降低，更可同時將訊息傳送給群組的所有人。美國總統川普習慣在推特（Twitter）上發布訊息；臺北市長柯文哲也與市府各級首長建立了一個 LINE 群組，隨時在群組中下達指令和信息溝通；我自己同樣有一大堆 LINE 或 WeChat 群組，成員也都習慣在群組發布資料。

但是，大部分的人應該都跟我有同樣困擾，看到密密麻麻的一長串訊息，基本上就沒耐心讀，更別說對內容做處理或回應了。如果是網路轉載分享一些生活資訊，不看也罷，但如果是重要的信息呢？以心智圖呈現信息的方式來與群組成員進行溝通，將會是一種不錯的選擇喔！

心智圖法的邏輯分類是將抽象一般化，但也代表重要的概念放在上位階，具體的事項放在下位階。我們閱讀心智圖中的信息時，從中心向外展開，馬上可以掌握主要的重點方向，並從自己關心的主題先閱讀，又不至於忽略其他事項。在諸多細項內容中，心智圖法強調在重要信息上，用和內容相關聯的插圖來凸顯重點，讓我們可以快速聚焦在關鍵要素。

接著，我以自己實際碰到的一個案例與大家分享！

彩虹人生合唱團家族溝通...　　_ □ ✕

記事本　　　相簿　　　群組成員

1051211彰化比賽注意事項備忘錄：
一、集合時間
12/10中午12:30捷運中正紀念堂站5號出口，集合後準時出發。
二、比賽服裝
1、男：粉紅襯衫、黑西褲、黑領結、黑皮帶、黑襪、黑皮鞋。
2、女：黑洋裝，配飾藍胸花、黑包鞋、不穿絲襪。不戴項鍊，請戴漂亮明顯耳環。
三、其他提醒
1、請攜帶證件（身分證或駕照），自備個人盥洗用品、換洗衣物、化妝品，以及日常所需藥品、護喉保嗓食品、歌譜、水壺、保溫杯⋯⋯等。
2、行囊以簡單、方便為宜，需注意保暖，圍巾、口罩不可少。避免帶太多現金！
3、若有認床的問題，請想辦法克服，戴眼罩、耳塞、耳機、薰衣草精油⋯⋯，任何有效方式或可一試。
4、跟你的室友好好相處，協調一下使用浴廁的時間。不要太亢奮聊天，保護好你的喉嚨，最好有八小時睡眠時間。
5、保持輕鬆愉快的心情，和個人最佳狀態參與比賽。只求盡自己最大努力；其他的事交給老天爺吧！
6、其他未盡事宜請參閱主辦單位的「中華民國105年全國社會組合唱比賽參賽團隊注意事項」。

讚 • 留言

◆ 圖 4-5a 備忘錄：行前注意事項（條列式）

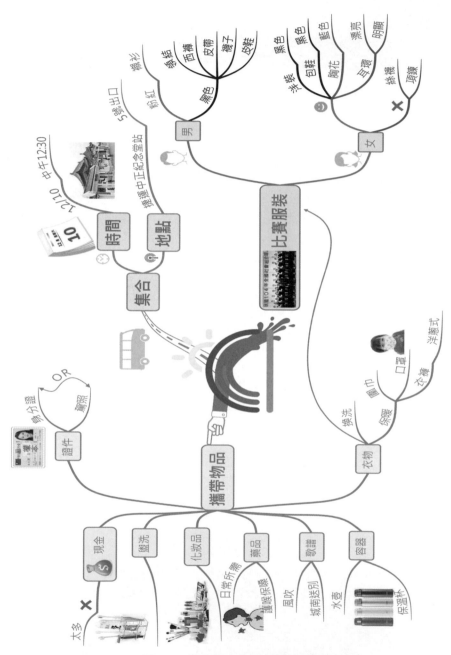

◆ 圖 4-5b 備忘錄：行前注意事項心智圖

孫易新
全球第一位心智圖法專業華人講師
英國博贊心智圖法進階講師班（1997 年）

　　2016 年 12 月，我們合唱團要到彰化參加年度比賽，出發前幾天在 LINE 群組裡面公告了行前注意事項，看到這種傳統條列式的公告（圖 4-5a），讓我眼花撩亂，但這是一個重要的通知，不能掉以輕心。因此，為了幫助自己和其他團員，能更清楚掌握這則訊息傳達的重點，於是我把內容整理成心智圖。

　　首先我根據我們合唱團的名稱「彩虹人生合唱團」，以彩虹做為中心主題圖像。接著從這則訊息中，可以看出分為「集合時間」、「比賽服裝」與「其他提醒」三大項目，其中第三項「其他提醒」這句話太過抽象、不夠具體，所以我根據提醒內容改成「攜帶物品」，在心智圖當中展開三個主要主題，分別是：集合 - 時間、地點與比賽服裝、攜帶物品。

　　「集合 - 時間、地點」這主題讓我有一種管理的概念，採用帶有冷靜、控制意涵的海軍藍色系做為線條顏色；由於我們合唱團男生的上衣是粉紅色，為了提醒自己當天別搞錯，「比賽服裝」這個類別的線條就採用粉紅色，但領結、西褲、皮帶、襪子與鞋子是黑色的，所以我把這幾個小項目的線條改成黑色，讓線條顏色與文字內容的意涵相呼應；「攜帶物品」很重要，不能有所遺漏，就採用帶有正向思考、利益重要性的橙色。

　　此外，在「攜帶物品」以下的衣物，其實也包括「比賽服裝」這一大項，因此我以一條橙色關連線從「衣物」指向「比賽服裝」。最後，我在特別重要的資訊附近加上插圖（例如身分證），提醒自

己要特別注意，千萬別遺漏了。

當我把這張心智圖發到群組時，不少團員紛紛回應說，「這樣好清楚喔！」立馬收藏，做為出發前檢核之用。

或許會有人擔心萬一沒學過心智圖法的朋友，是否能看懂這則以心智圖呈現的訊息。

其實不用太擔心，心智圖法的規則之一就是主幹線條上的主要主題，其文字大小與粗細，都要比支幹上分支主題的文字略微大一點。因此，視覺上很自覺的會先從主要主題看起，再順著線條往外閱讀，很容易就可以看懂心智圖當中的內容。

※ 延伸應用：待辦事項備忘錄、會議討論重點備忘錄、演講重點備忘錄

3 ▶ 數位資料管理

　　1982 年我剛從空軍退伍，正式踏入職場的第一個工作，就是服務於中國廣播公司器材組，聽到這個單位的名稱，你就可以知道資料管理是我的主要工作之一。

　　當時辦公室有一面大牆，全部是密密麻麻的小抽屜，裡面放著記錄機器設備、零件備品進出日期與庫存數量等資料的卡片。記得那時每日的上班情況，和今天有電腦輔助工作相比較，可說是效率低、出錯率高，唯一的好處是不怕停電。

　　21 世紀的今天，每個人的工作大概都離不開電腦，檔案資料當然是以數位形式儲存在硬碟。為了有效管理與應用數位檔案，首先要以固定的邏輯，有系統的為檔案或資料夾命名，這決定了檔案如何歸檔，以及方便日後搜尋；接著要將同性質檔案集中儲存，切莫隨意存放，必須有「中央資料庫」的概念，以樹狀的分類結構建立管理檔案的架構；同時要注意，同一個檔案不要在不同地方重複存放，以避免檔案內容無法同步更新。

　　此外，倘若在不同的功能或資料夾之下，都可能使用到同一個檔案，可以採用網狀脈絡的概念，以建立捷徑的方式，存取同一個實體檔案。最後，記得要定期進行檔案備份。

　　心智圖法的應用技巧之一，就是以樹狀結構對資訊予以分類，

並以網狀脈絡的關連線條，指出不同類別資訊之間的重複性。至於具體的做法該如何進行，下面我們就以實際案例來為大家解說。

雲端資料管理規劃 ▶ ▶ ▶

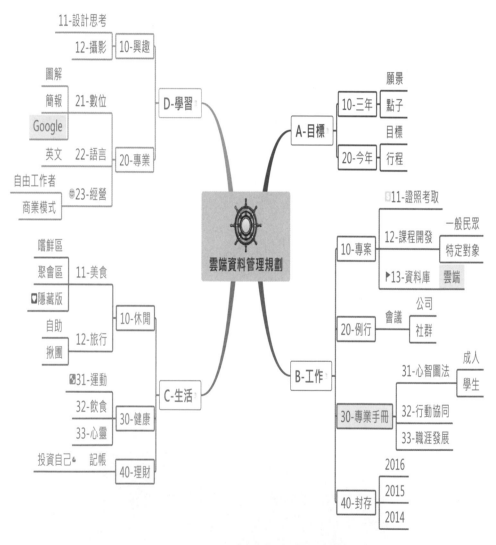

◆ 圖 4-6 資料管理儀表板心智圖

蔡興正

心智圖法專業講師

孫易新心智圖法講師班 23 期結業（2013 年）

「在哪裡？到底在哪裡！明明記得資料不是已經放到隨身碟中了嗎？」

兩天之後要到學習社群分享的小桂，因為找不到前陣子費時搜尋的資料存放在哪裡，加上忘記之前蒐集資料的關鍵字是什麼，而顯得心浮氣躁。

隨身碟曾帶給我們一段美好的時光與便捷，但隨著科技時代的進步與演化，網路的發達，取而代之是雲端資料的數位管理，從「線下」工作逐漸轉移至「線上」，移動數位工作術變成一種重要的能力。雲端資料的好處是跨裝置共用平台，隨時可以進行資料的修正，然而為了要提升工作的效能，避免迷失在龐大資訊的浩瀚汪洋中，如何設計一張資料管理的架構圖至為重要。

未來職場強調的是工作與生活平衡的概念，對於數位資料的管理，不該只是專注於工作上，必須再加入學習與生活的思考角度，利用這三個面向進行展開，讓自己的資料庫形成網絡，打破傳統分櫃儲存的思維。

但要如何有效率的整理資料和檔案呢？以我個人的經驗是，要充分利用心智圖法的邏輯架構進行系統化的整理，先讓自己清楚目前所擁有的知識庫樣貌。

而在繪製心智圖的過程中，會讓想法先發散後再聚焦整合。在發散的過程，推薦你可以利用心智圖軟體工具（例如 Xmind）或是以便利貼來進行發想與整理，具體操作的步驟如下：

1. **繪製中心主題**

   中心主題是心智圖的核心，就像人體的心臟一樣重要。這張資料管理架構圖，能引領我快速找到資料所在位置，使我聯想到航行設備的船舵，可以控制船舶航行方向，與這張心智圖的核心目的相同，所以找到一張合適的圖，將圖片放置於中心主題，感覺很符合，也很切題。

2. **邏輯架構的形成**

   2.1. 發散聯想：先利用自由聯想的方式，將自己所能想到的內容，全部寫在便利貼上或是用電腦鍵入，並且在過程中隨時可以將想法做出分類。因為這個過程主要目的是「創造數量」，可以設定發想時間，一直到自己想不出來為止。

   2.2. 邏輯收斂：從上一步驟的心智圖所呈現出來的訊息，是比較沒有架構與邏輯性的，我們可以利用分類或堆疊的方式，將所有項目進行比較具結構化的分類，例如在這個案例中，總共分為目標、工作、生活、學習四大類，而從圖中可以看出這四大類的下一位階也清楚的展開了。

3. **善用色彩進行區分使用**

   色彩主要讓我能在進行區分時，看出不同主題之間的差異化，同時表達我內心的感受。在這四大分類中，「目標」我用的是紅色，表示要對目標富有熱情，不斷地向自己的目標前進。「工作」則是選用藍色，有一步一腳印的意涵，提醒自己執行過程中要考量到邏輯與順序性。而「生活」，用的是綠色，宛如躺在大地草原上休憩，舒服自在的享受。最後，「學習」這

個分類，我選擇用橙色，象徵快樂與幸福的感覺，活到老，學到老，使工作與生活達到平衡。

4. **樹狀編碼**

資料管理儀表板心智圖是資料夾的架構圖，為了要在開啟資料夾時，順序能與心智圖所呈現出來的相同，而進行編碼。以「工作」區來思考，下一階為專案、例行、專業手冊與封存，此階每個項目以10-40做為編碼，接續10-專案的下一階，再以11-證照考取、12-課程開發、13-資料庫代表三個專案，如此檔案編碼一致，可以幫助我們在整理資料時建立整齊的架構。

5. **網狀連結**

在這一張資料管理儀表板心智圖上，你是否有發現，B-工作區中，10-專案內的雲端與30-專業手冊的底色皆為黃色，且同時於D-學習區後，20-專案中的Google也加入了黃色底。這代表的是什麼意義呢？——「今年要將專業手冊進行雲端化，雲端化所使用的平台，正是Google。」像這樣加入底色表示，在俯瞰整張心智圖時，強化彼此關聯性的連結。

6. **重點提醒**

在工作方面，將B-工作區中的11-證照考取加入「$」符號，希望能藉由考取證照，讓自己的功力有所累積並更上層樓，帶來收入的提升與穩定。

在生活方面，於C-生活區中11-美食以下的隱藏版美食，加入愛心符號，主要希望能款待好友，與家人增進情感交流。在運動方面，31-運動也加了一個小圖示，列表提醒自己運動量不足，要多動、多練習。最後，在學習方面，於20-專業中強調

刻意學習是重要的經營模式，以笑臉符號期許自己做為一個自由的專業者。

7. **資料夾的超連結**

將這一張資料管理儀表板心智圖，利用超連結的方式，與資料夾進行連結。想要編輯資料時，只要點選心智圖上的超連結，即可開啟資料夾；若要連結檔案，亦是相同的方式。有關心智圖軟體操作，請參考《案例解析！超高效心智圖法入門》一書附錄②〈心智圖軟體操作簡介〉中的詳細介紹。

雲端資料管理，並不是將所有檔案放到雲端即可，真正目的在於透過心智圖法來幫助我們改造流程。雲端資料庫，可以讓我們不受地點與時間的限制，隨時讀取、存放與修改資料，因此更需要打造成系統化的資料庫，以別於過去只是在單一電腦或載具儲存資料，才能最大限度地提高工作與學習效率，並且落實在生活應用。

這一張資料管理儀表板心智圖清楚列出資料庫的結構，將來若是需要進行知識升級時，不論是除舊（除舊知識）或布新（新增知識），一切的知識盡在你的掌握，就只需要一張紙即可縱觀全貌。

【孫易新老師點評】

在心智圖法關鍵字運用的原則是一線一詞，而興正這張構思雲端資料管理規劃的心智圖，基本都有掌握這個技巧，但也看到若干地方有兩個語詞出現在一個線條上，如果它是不可分割的概念（例如專有名詞：心智圖法）是可以被接受的，但如果不是的話，建議盡量還是拆解成一個關鍵字。

Part
1
初學20問

Part
2
個人成長

Part
3
家庭生活

　　例如B-工作區中的10-專案以下，有一個「課程開發」，如果拆解成「課程」和「開發」，則可能從「課程」再延展出「銷售」等，讓結構更加縝密。

　　此外，興正這張心智圖有一個地方是值得大家學習的，就是將平面二維的心智圖，變成三維的立體概念。不知道你是否有注意到這點了？就是在10-專案內的雲端與30-專業手冊，以及20-專案中的Google，都是採用黃色的底色。

　　像這樣的表現手法，除了代表這三個概念彼此有共同的關係，也表達了這張心智圖在平面四大主題內容中另一個思考的維度，這是一種心智圖法的進階應用技巧喔！

※ 延伸應用：規劃管理 Evernote 記事本、歸類整理手機（平板）
　　App

　　解決問題的能力之一，就是有效的管理資源。企業資源的分類方式大致上有內部資源 - 外部資源、有形資源 - 無形資源等兩種。

　　內部資源包括了人力、財力、信息、技術、管理、內部環境等資源；外部資源則包括行業、產業、市場、外部環境等資源。有形資源主要是財務和實體物品的資源；無形資源包括時間、空間、信息、技術、品牌、文化和管理資源等。然而隨著經濟發展與社會的變遷，資源分類的界線也越來越模糊，唯一不變的是，有效的整合資源，讓資源發揮最大效益，是企業管理的核心工作。

　　為了讓讀者了解心智圖法如何應用到我們的日常生活當中，進行資源的規劃管理，以下這個案例將逐步解說構思與繪製的過程，讓大家有個參酌的依據。

夏令營物資清單 ▶ ▶ ▶

M i n d M a p p e r

陳君

心智圖法專業講師

孫易新心智圖法講師班 31 期結業（2017 年）

之前舉辦過幾次夏令集訓營，出發之前，每個人都認為自己帶齊了所有的東西，可是每一次到現場都發現有東西沒帶全，然後就要現場安排後勤老師去採買，搞得後勤老師很有意見，可見靠平時用的清單列表不能解決這個問題。於是，在第三次集訓準備期，我就改用心智圖來整理攜帶物品清單，發現效果挺好的。在此與大家分享我是怎麼完成的。

在繪製之前，我原本按照職位來進行分類，但很快就發現，講師、助教、DJ、營長、採購……等分類，實在是太多了，而且帶的很多東西有交叉。於是我進行了第二次分類，分成室內和室外，依教學地點的不同來進行梳理，這時卻又發現，分類過於籠統、不明晰。第三次改以集訓營的幾大塊職能來分類，分成了會務組、宣傳組、後勤組和課程組。這樣就涵蓋了所有的部分。

◆ 圖 4-7a 夏令營物資清單：職能分類

會務組這個主幹我選擇了橙色，因為橙色象徵著熱情，會務組的成員需要用滿滿的正能量去接待所有的學員和家長們；宣傳組我用了藍色，這是大海的顏色，宣傳要像大海一樣氣勢磅礴；後勤組這條主幹我用了綠色，因為後勤是我們的重要保障，綠色代表生命；最後的課程組，我用了紅色，因為紅色是代表了重視，而課程組就是整個集訓營中最重要的部分。

確定四個主幹上的主要類別之後，就是再次分類，我這一次就按照集訓中的工作任務來進行分類，分成了接待、財務、DJ、VR、警衛、醫務、物資、教務、課程。

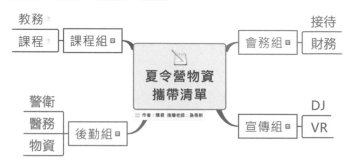

◆ 圖 4-7b 夏令營物資清單：展開第二級分類

　　以集訓營課程和各種活動推進的順序，按照職能的框架，我完成了第一遍集訓營物資的整理。宣傳組這塊，之前總是忘記帶電源線，而這次依照心智圖法的思路，把 DJ 的硬體分為設備和配件，這樣自然在配件之下就會想到要帶電源線了。

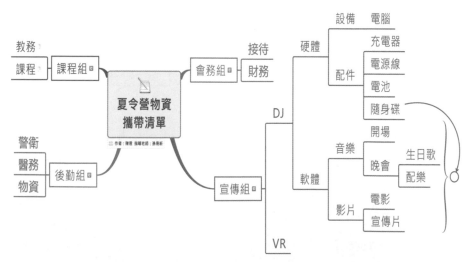

◆ 圖 4-7c 夏令營物資清單：避免遺漏事項（1）

另外，藥品這塊，之前帶藥品總是想到什麼帶什麼，這次分為外用和內服之後，就自然而然地想到要帶些喉糖，預防老師上課用嗓過度不舒服。

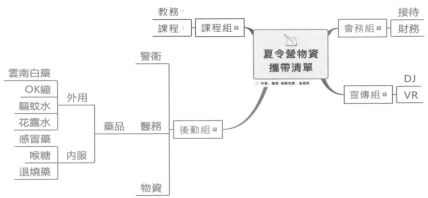

◆ 圖 4-7d 夏令營物資清單：避免遺漏事項（2）

最重要的就是講師上課這塊，所需要的東西非常多，其中「課程」分得比較細，分成了教學、拓展、遊戲、活動、感恩課、結營。經過逐一梳理，頭腦中過一遍場景，將需要的東西分類整理，就清清楚楚。最複雜的「教學」又包括講師、助教和教官三個部分，每個人各司其職，所需要的東西也就很清晰了。

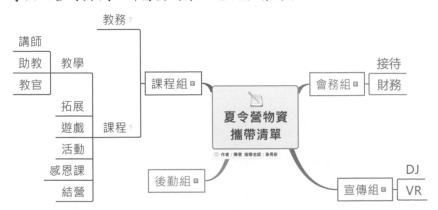

◆ 圖 4-7e 夏令營物資清單：以場景進行檢核

最後，我進行了第二遍檢核。在檢核的過程中，我把之前出現遺漏的，和一些重要的東西加上了插圖，再次提醒自己要記得帶。比如電源線我加了個五角星，因為之前兩次都忘記帶；還有隨身碟，這是很重要的，不管是講師或 DJ 都需要拷貝自己的東西在隨身碟裡播放給學生看；蛋糕上面加了插圖，因為蛋糕是晚會中非常重要的一個環節；叉子部分加插圖，則是因為之前活動中叉子數量不夠，導致部分學生只能像小貓咪一樣舔食蛋糕……

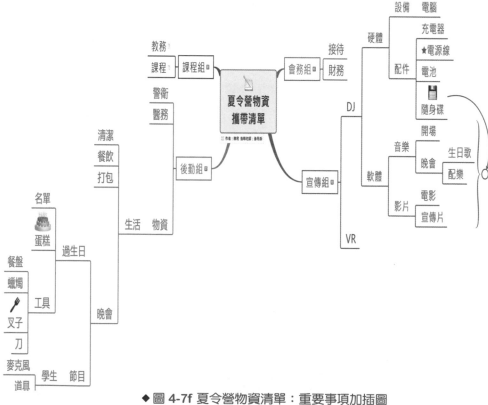

◆ 圖 4-7f 夏令營物資清單：重要事項加插圖

通過一張心智圖，讓我很清晰、也很輕鬆的整理出所有需要帶的物資，而且可以保存下來，以後辦集訓營都能拿出來用，方便

又省時。最重要的是，我不用再每次辦營隊前都要親自培訓，我的老師們可以根據這張心智圖，安排好他們自己的工作和需要帶的東西，也沒有再出現要後勤老師臨時跑出去採買的情況。一張小小的心智圖，卻給工作提供了大大的便利，真的是好處說不完哪！

【孫易新老師點評】

　　邏輯分類是心智圖法很關鍵的要素，可以讓我們快速找到所需要的資訊。分類方式可以是依照任務目的性，也可依照事物的特徵屬性，究竟我們該採取哪種分類，得先釐清或確認這張心智圖的目的為何？希望它給你帶來什麼樣的幫助？心智圖呈現出我們心智的思維模式，也能幫助我們釐清思路。

　　從陳君的心智圖與說明中，我們可以窺知其構思的心路歷程。當思緒改變，心智圖的結構也隨之改變；同樣的，改變了心智圖的結構，整個思維框架也會跟著變，就在這樣來來回回的過程中，不僅當下的想法源源不絕地展開，日後要增補內容也會方便許多。

　　最後我們以心智圖法的原則進行事物的檢核時，亦可快速看出不合邏輯或有待釐清的問題點。例如「宣傳組→ DJ →硬體→配件→電池→麥克風」這個路徑中，我就產生了一個疑問，電池之下怎麼會出現「麥克風」這個東西？是配件中得攜帶電池與麥克風，還是要攜帶麥克風的電池？而如果以傳統條列式製作清單，恐怕是不容易發現這個問題的。

※ 延伸應用：財務管理、庫存管理、採購管理

5 ▶ 職涯規劃

　　或許我們都聽過，要從事自己熱愛的工作、尋找工作的熱情，但這是唯一或主要的考量嗎？

　　三十年前，潛能激發的課程在臺灣非常盛行，熱愛學習的我，當然也參加了培訓。課堂中激勵大師不斷告訴我們，我們擁有無限潛能，每一個人都可以賺大錢，我被現場營造的氣氛所感動，不僅當場痛哭流涕，回家後立即辭去一直讓我感覺枯燥乏味、升遷無望的工作（一家半官方機構），轉而投入業務行銷的行列，夢想成為百萬業績的 Top Sales。但是我高估自己的能力了……

　　當時的我，根本不懂行銷，也不會推銷，只憑著一股熱情就貿然下決定，而忘了思考工作的動機，以及所需具備的技能，因而落得鎩羽而歸。

　　因此，當我們在從事職涯規劃時，必須要先釐清：

- 你真的是對未來的工作充滿熱情，或只是厭倦目前的工作？
- 你理想生活的藍圖裡，工作扮演什麼樣的角色？
- 你已經具備的技能、正在培養中和希望加強的技能有哪些？
- 面對工作與家庭之間的衝突時，你可以忍受的犧牲程度為何？

　　以下我們以一個實際的生活案例做示範，期盼大家不要重蹈我之前的覆轍。

能力盤點與職涯規劃 ▶ ▶ ▶

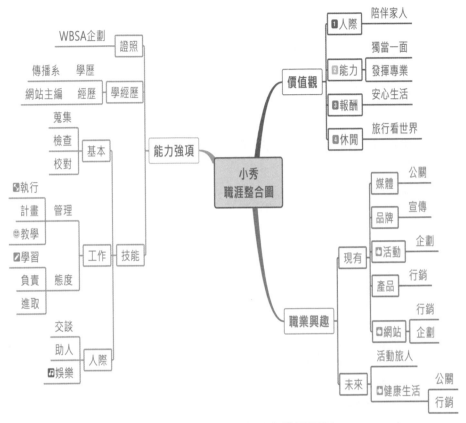

◆ 圖 4-8 能力盤點與職涯規劃

MindMapper

蔡興正

心智圖法專業講師

孫易新心智圖法講師班 23 期結業（2013 年）

　　週五的夜晚，小秀與同事聚餐之後道別，隔日是週末假期，但心情卻不如以往，有著一點點憂愁。

小秀即將離職轉換跑道，面對未來的工作，心中多了一份焦慮。她從事網站主編的工作已將近三年，面對未來的職場，並沒有因工作的熟悉度而展現出自信，反而因為世界正在快速轉變，對自己的未來迷惘加深，卻不知該如何有效的思考。

　　面對未來職涯該如何規劃？一般而言，可以從三個面向來進行，稱之為「職涯的金三角」，三個要素分別為價值觀、職業興趣與能力強項。這三個面向，要考量的內容有很多，如何思考？這時候可以利用心智圖來進行整合思緒，在發散思考的同時，兼具邏輯性的整合，以小秀的個人職涯規劃為案例，我以心智圖協助她釐清自己的職涯金三角。

　　原本對職涯下一步不知所措的小秀，在完成這一張心智圖（圖4-8）後，發現前進未來並不可怕，重點是在整理過自己的資源之後，更進一步了解自己的能力，以及自我對未來的期許。手中的心智圖就像是一張領航圖，心中的感覺就如同在海上航行，看見燈塔所射出的光芒，為職涯夢想指引前進。在放下焦慮感，將重心全力投入實踐的過程中，相信小秀很快就會達到她理想中的人生。

【孫易新老師點評】

　　不少初學心智圖法的朋友，最常出現的問題就是寫出中心主題之後，接下來就不知該如何展開第一階層的類別項目或主要方向。

　　其實大家不必那麼焦慮，我們只要從既有的常用方法著手，就可以順利開展延伸出去。例如：活動計畫採用「5W2H」七個構面、外在環境因素分析採用「PEST」四個方向、內在自我分析則採用

Part
1
初學20問

Part
2
個人成長

Part
3
家庭生活

「SWOT」四個主題等。

　興正這張心智圖的目的，是想要協助他的朋友進行職涯規劃，於是腦海中立即浮現職涯金三角的三個能力盤點議題。從這個案例我們可以清楚知道，心智圖只是一種視覺化的工具，倘若缺乏管理學上的知識背景或實務經驗，恐怕難以選擇適合的模組結構來展開腦中的想法，最後「畫出」的心智圖，其價值性也將大打折扣。

　什麼樣的情境脈絡，得採用哪一種結構模式？我們認真仔細思考這件事情的過程，就是心智圖「法」。當我們從腦袋中找不到合適的模式或方法時，會進一步從專業網站或書本中去找答案，這更是心智圖法的真諦。

　也就是說，心智圖法不僅僅只是把腦中的想法呈現出來，更要具有引領進一步思考的功能。這才是我們一直強調的，心智圖法是一種提升思考力與學習力的方法！

※ 延伸應用：創業計畫、升學進修、養老計畫

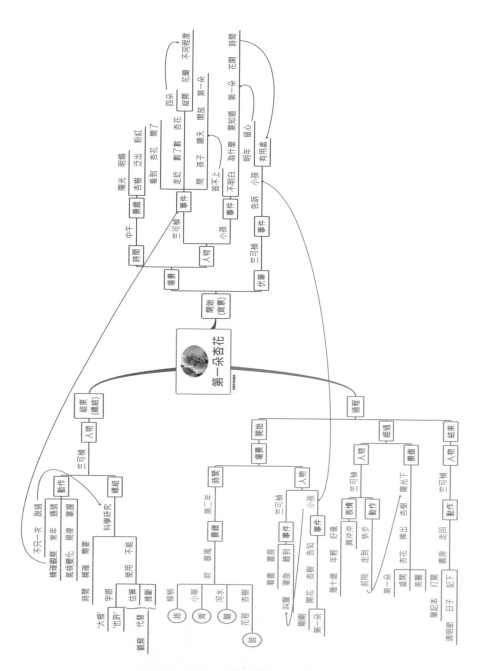

◆ 圖 4-9 國語文：教學應用〈第一朵杏花〉

Part
1
初學20問

Part
2
個人成長

Part
3
家庭生活

Part
4
職場工作

應用 6 教學備課：語文、英語與數學

　　學科中的國語文、英語、數學如何整理成心智圖筆記？這是許多老師與學生共同的困惑。大多數人都認為歷史、地理等學科最容易整理成心智圖筆記，其次是國語文，最不知如何著手的是理科的數學、物理、化學等。這是因為歷史、地理等學科的知識，從課文內容的文字描述，即可達到文意上的理解；至於理科的知識，光是從課本上的文字，恐怕都無從得知其所要表達的意涵，更遑論推論理解與邏輯思考的訓練了。

　　我們都知道，語文是人類溝通交流、探索知識的基本工具，語文沒打好基礎，學習其他科目就倍顯艱辛。然而，將心智圖法融入語文課指導學生學習，和一般學生自己整理心智圖學習筆記是有些差異的，必須根據教學目標和文章內容結構，做出更具有系統化與結構性的分類層次。

　　以小學語文〈第一朵杏花〉這篇課文，繪製206頁這張心智圖（圖4-9）為例，為了讓學生理解故事的發展階段，我將課文分出三個大的意義段，分別是開始（背景）、過程與結束（總結），接著在每一個大的意義段當中，再以「人、事、時、地、物」或「表情、動作、景緻」等區分出小的意義段，讓學生更容易了解課文的結構與語詞的

運用，並以黑色字體表示，避免跟課文內容產生混淆。當然，必要的話，也可以在心智圖當中註明文章所應用到的修辭技巧，相關案例可參閱《案例解析！超高效心智圖法入門》書中的說明。

接著，我將進一步以幾位英語、數學老師的教學案例，讓大家一窺心智圖法在教學應用上的各種可能性，期望能帶動更多的老師將心智圖法融入到教學之中，特別是在英語、數學、物理、化學等學科的應用。

英語教學應用 ▶ ▶ ▶

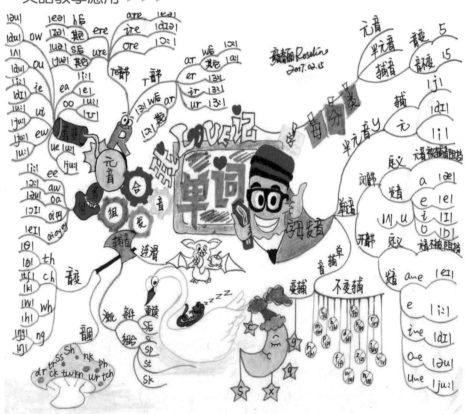

◆ 圖 4-10 英語：見詞能讀，聽音能寫

顏春麗
英語教學、心智圖法與快速記憶專業講師

英語單字（在大陸稱「單詞」）的識別、認讀和記憶對孩子們來說，一直是比較困難的事情，一說到背單字，很多孩子除了機械式地背誦字母，並沒有其他高效的方法，所以讓孩子掌握「見詞能讀，聽音能寫」的自然拼讀本領，是每一位英語教師首先要做的事情。

然而，英語單字做為表音文字，字母以及字母組合的發音系統繁瑣，孩子們要掌握好並不簡單，於是我帶著他們利用心智圖把「自然發音法（phonics）」，字母及字母組合的發音繪製出來，以便孩子們記憶與複習。

繪製心智圖的步驟如下：

1、中心圖像：我設計了「我愛記單詞」這個主題，初衷就是讓孩子們愛上記單字，所以我對文字也進行了設計。

心形的設計一方面是「愛」，一方面是「用心」；「單詞」這兩個字放大的目的是說明這張心智圖要講的是有關英文單字，而字體設計成綠色，也是想給孩子們感覺到一種能量，因為綠色象徵著生命的煥發，我想讓孩子們感受到擁有這種方法，記憶單字會事半功倍，會給我們帶來更多的自信心。

中心圖像中的鉛筆人抱著書，是因為這張心智圖含括了一整冊書的內容，好記性不如爛筆頭，我要告訴孩子的是我們不單單要記錄下來，還要勤加練習。

2、主幹一：字母分類。選擇了小夾子晾曬卡片的設計，不同顏

色說明不同的分類。

3、**主幹二**：字母發音。單個字母在單字中的發音，顏色的選擇主要區別於第一個主幹。

4、**主幹三**：字母組合的發音規律。我把「組合」圖像聯想轉換為四個組合轉動的齒輪。

經過繪製心智圖的過程，我們就可以協助孩子把整冊書的知識脈絡理得非常清楚，而且裡面的插圖可直接幫助孩子們把知識點都記住。心智圖的繪製不僅提高了課堂效率，同時給孩子們帶來了成就感，讓孩子學習英語的興趣越來越高。

【孫易新老師點評】

相信學過英語的朋友一定閱讀過不少文法與發音的書籍，書中內容除了以條列大綱的方式呈現，就是一片白紙寫黑字，特別是文法的書籍。這是符合大腦吸收信息的自然方式嗎？恐怕大家看不到幾行 0 就想放棄了吧。

春麗為了幫助孩子學習英語，以充滿創意的圖像與邏輯結構的分類，將枯燥的文字內容轉化成吸引大腦注意力的心智圖，難怪會讓孩子們愛上學習英語。

不過從這張心智圖當中，我們也看到一些初學者常會出現的小缺失，就是文字書寫的方向必須保持一致性，不可以有些地方由左向右，有些地方由右到左。英文字書寫方向一律是由左向右，中文字原本是從上到下、由右到左，但近年來西化的結果，橫版書籍皆採用與英語相同的由左向右，大家也習慣了這種閱讀方式，因此在心智圖中文字的書寫也應採用由左向右為宜。

但是從我的教學經驗中發現，許多初學者在心智圖右邊的樹狀結構是由左向右，但左邊卻變成由右到左書寫，我可以理解他們是從中心向外書寫，不過這會影響閱讀時的正確性。

春麗這張心智圖的書寫方式，大致上都還可以，只是在出現有斜度的線條時，似乎想從上到下書寫，但又不夠明顯，反而看起來像是由右到左，例如右下方字母發音之下的「單輔音」。這雖然是小缺失，但如果以這張心智圖做為小朋友學英語的教學講義，恐怕會造成孩子的誤解。因此，請各位讀者在繪製心智圖筆記時，務必注意到這點。

數學教學應用 ▶ ▶ ▶

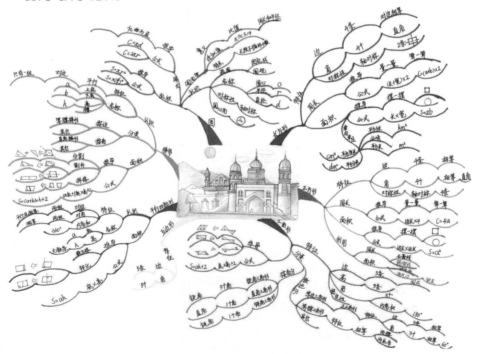

◆ 圖 4-11 數學：數學幾何～讓思維綻放理性的光芒

畢欣
青島李滄區第二實驗小學教師
山東心智圖法種子教師培訓班結業（2016年）

以前很膚淺的認為，心智圖就只是一張圖，是替代我們以前傳統的線性筆記，把講話的內容整理到一張圖裡，從而達到整理知識的目的。其實，當你真正懂心智圖法的時候，你才會發現事實並不是這樣。

心智圖法英文叫「Mind Mapping」，ing 意味著這個學習是動態的過程。這是把我們的思考內容，以紙筆畫出來的一個過程，而不僅僅是指那張靜態的圖。它是一種動態的思考方法，其精髓在於思維的構建過程，而圖只是工具，是我們思維的呈現。在這個過程中，最重要是思考的方法，是一種經歷思考的過程。

繪製心智圖有關鍵六部曲：**1、確認核心關鍵字；2、掌握大綱架構；3選擇合適顏色；4、延伸內容細節；5、思考彼此關聯；6、加入重點插圖**。在過程中，我們不能忽略了心智圖法的核心，它強調的是邏輯結構和思維關係，這也是學習心智圖法最重要的目的。同時，我們不僅要注重樹狀結構，更要注重網狀脈絡，這是一種發散性思維，在思考的過程，既要注意思維的發散，也要兼顧到思維的收斂。

我的幾點心得是：1、選擇關鍵字的時候，名詞為主，動詞次之，注意一線一詞；2、中心圖是焦點，一定要主題突出，特點鮮明；3顏色的選擇要與關鍵字相符，能準確表達詞意；4、思考彼此關聯性特別重要，是提升思考力訓練的關鍵；5、重要的地方最後要再加上插圖，以強化並提醒我們的注意力，一定要做到寧缺母濫。

Part
1
初學20問

Part
2
個人成長

Part
3
家庭生活

Part
4
職場工作

　　繪製這張心智圖的時候，我先是對於各種平面圖形的知識進行整理與複習。在課前，找到要整理的平面圖形——長方形、正方形、三角形、五邊形、平行四邊形、梯形和圓，然後思考應該從圖形的特徵（性質）、周長和面積幾個大方面入手。

　　在畫到「長方形」時，我選擇了紅色線條，因為紅色是主色調，是表示基礎，就像長方形在所有平面圖形中的地位一樣。接著我從特徵、周長、面積入手，「特徵」又分別從邊、角和對稱性，進行整理分類；對於「周長」的整理，我是從推導與公式延伸，將整個過程清晰的呈現。而在整理長方形的「面積」時，我同樣是從推導和公式兩方面，把拼一拼、量一量的方式在推導這個過程展示出來。

　　以此類推，我將正方形、三角形、五邊形、平行四邊形、梯形和圓也逐一進行整理。在整理「三角形」的時候，因為三角形的分類比較特殊，我做了一個專門的整理——「按角分」，分為直角三角形、銳角三角形、鈍角三角形，又在後面分支做了具體的特徵說明，這樣整理起來更詳細。

　　在整理梯形的「面積」時，也是從推導和公式兩方面來分類整理。推導梯形面積時，用了分割、割補、拼接的方法，以圖示來表示，更加清晰，一目了然，突出了知識之間的聯繫。

　　中心主圖我選的是一個宮殿，象徵著知識殿堂，同時宮殿也是由很多不同的幾何圖形組成，也突出了這張心智圖的主題思想。

　　我在畫這張心智圖時，首先將小學階段所有平面圖形的知識進行了梳理，讓孩子們可以用一張圖讀懂小學階段的平面知識。因此，在帶領學生一起整理複習的時候，每種平面圖形的分類、

知識的結構、知識之間的聯繫，都可以看得清清楚楚。大家藉由這張圖，進行回顧整理，加深了記憶。孩子們將頭腦中雜亂無章的知識，進行有序的分類，並且形成了自己的知識體系。

我想，要讓心智圖法真正的在教學中運用，並且通過運用心智圖，孩子們能夠得到切實的受益，我們就應該在實踐中不斷的使用，在使用中加深認識。當然，運用心智圖法最終的目的，就是讓孩子學會學習、愛上學習，因為，真正的學習是離開教室才剛剛開始的。

【孫易新老師點評】

畢欣這張心智圖，充分將心智圖法融入到數學學科的幾何教學之中，對於「幾何」這個知識領域的梳理與理解，可以說是起了很大的作用。

由於這張心智圖的內容包括各種幾何平面圖形的特徵、周長、面積……等，所以內容頗為豐富，但也產生了閱讀時知識量過大的無形壓力，這種將大量內容整理在一張心智圖的方式，對於單純的知識蒐集與整理，基本上是可以接受的，但若是對小學生進行教學，可以拆成若干張主題式的心智圖。例如一張主架構心智圖是介紹各種幾何的圖形種類，接下來每一種幾何圖形分別整理成一張獨立的心智圖，這樣對知識的記憶才能產生加乘的效果。

很多學校老師都想將心智圖法融入到學科教學之中，但往往不知如何著手，特別是數學這種充滿抽象概念與邏輯推理的科目。我在心智圖法的課堂上，經常強調任何複雜的事物（學問）都可以分解為許多簡單易懂的小知識，並以適宜的邏輯將這些小知識予以分

類或歸納整理，再透過圖解的方式將抽象概念具體化，任何學科的學習，都會成為一件有趣的事，這就是心智圖「法」。

以讓許多國中學生頭疼的數學函數為例，我先用一個代表函數概念的圖形做為心智圖的中心主題，這個圖像基本上已經清楚點出函數的概念，然後從三個由淺入深的方向讓學生認識函數。首先是認識函數的基本符號以及它們分別代表什麼意思；接著了解數值、集合的關係，這時應可發現它們是從符號的部分，進一步對函數的概念作出加深、加廣的說明；最後解說幾個函數專有名詞的意涵，並以一個圖形表示函數的意義。

如果你原本數學就沒學好，或忘記函數是什麼，透過這張心智圖，是否了解函數的概念，並重新燃起學習數學的慾望呢？

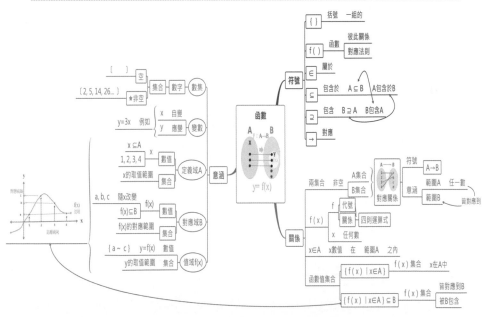

◆ 圖 4-12 數學：函數的概念

※ 延伸應用：其他科目教學備課、教學活動設計

學習可以讓生活不一樣

模仿，是一種有效的學習方式，特別是含有技能操作學習，心智圖法即是其中一種。

從本書的案例當中，相信對喜愛心智圖法的讀者會有相當大的啟示，特別是經過每張心智圖的作者詳細說明思考與繪製的過程，讓大家在模仿、練習時，可以有個參考依據。

因此，我建議大家依照以下三個階段進行練習。

- **第一階段**：完全依照書中的心智圖內容，模仿它的關鍵字、結構、顏色與插圖。

- **第二階段**：針對關鍵字與結構，開始做出必要的修正、調整，特別注意我在每篇最後做的點評，想一想，原作者是怎麼思考、繪製的，如果要更好的話，在不違背心智圖法的原則之下，該怎麼創新突破。

- **第三階段**：可以針對書中的案例主題，以自己生活中的實際情況，重新選取關鍵字、安排結構、選擇顏色與插圖，一步一步完成屬於自己、對自己有實際幫助的心智圖。

如果你對心智圖法的思維模式與繪製規則還不是很熟悉，建議可以搭配《案例解析！超高效心智圖法入門》這本書一起閱讀；如果你想要進一步了解心智圖法的緣起、理論與實務應用的準則，則

可以參考《心智圖法理論與應用》一書；**如果你想知道如何應用心智圖法幫助孩子提升思考力與學習力**，一定要閱讀我與王心怡老師合著的《用心智圖法開發孩子的左右腦》；**如果你是中學生，想知道怎麼將心智圖法應用在寫作上**，我與梁容菁老師合著的《心智圖寫作秘典》是最佳選擇；**如果你是職場人士，想了解心智圖法在不同的工作情境脈絡下，可以結合哪些管理策略**，選擇我與陳國欽老師合作出版的《職場五力成功方程式》就對了。

學習心智圖法，除了閱讀書籍之外，能有影音多媒體的輔助教學，相信可以提升學習的效果，我在「想享學」學習網站上的線上課程，總共有 68 個單元，在此推薦給大家。

- 「想享學」網址｜ **https://www.xiang-xue.com/member/U2FWTM/teaching**

如果大家也想透過線下實體課程，跟老師有面對面的互動討論，經由老師的點評讓自己能力更加精進，歡迎參加我們在海峽兩岸各個城市所舉辦的專業認證班，詳細開課訊息請上網查詢。

- 「孫易新心智圖法」網址｜ **www.MindMapping.com.tw**

當然我也非常歡迎大家加入我們的講師團隊，一起在華人世界推廣心智圖法，讓更多的人因心智圖法而提升工作績效，讓讀書學習成為愉快的經驗！

孫易新

國家圖書館出版品預行編目資料

心智圖法的生活應用：用一張圖全方位掌握高效
率的創意人生 / 孫易新著. -- 初版 -- 臺北
市：商周出版：家庭傳媒城邦分公司發行，
2017. 11
　面；　公分. -- (全腦學習；29)
ISBN 978-986-477-336-7 (平裝)

1.創造性思考 2.時間管理 3.生活指導

176.4　　　　　　　　　　　106017879

全腦學習 29

心智圖法的生活應用
——用一張圖全方位掌握高效率的創意人生

作　　　者／孫易新
企 畫 選 書／黃靖卉
責 任 編 輯／林淑華

版　　　權／翁靜如、林心紅、吳亭儀
行 銷 業 務／張媖茜、黃崇華
總 編 輯／黃靖卉
總 經 理／彭之琬
發 行 人／何飛鵬
法 律 顧 問／元禾法律事務所王子文律師
出　　　版／商周出版
　　　　　　台北市 104 民生東路二段 141 號 9 樓
　　　　　　電話：(02) 25007008　傳真：(02)25007759
　　　　　　E-mail：bwp.service@cite.com.tw
發　　　行／英屬蓋曼群島商家庭傳媒股份有限公司城邦分公司
　　　　　　台北市中山區民生東路二段 141 號 2 樓
　　　　　　書虫客服服務專線：02-25007718；25007719
　　　　　　服務時間：週一至週五上午 09:30-12:00；下午 13:30-17:00
　　　　　　24 小時傳真專線：02-25001990；25001991
　　　　　　劃撥帳號：19863813；戶名：書虫股份有限公司
　　　　　　讀者服務信箱：service@readingclub.com.tw
　　　　　　城邦讀書花園 www.cite.com.tw
香港發行所／城邦（香港）出版集團
　　　　　　香港灣仔駱克道 193 號東超商業中心 1 樓 _ E-mail : hkcite@biznetvigator.com
　　　　　　電話：(852) 25086231　傳真：(852) 25789337
馬新發行所／城邦（馬新）出版集團【Cite (M) Sdn Bhd】
　　　　　　41, Jalan Radin Anum, Bandar Baru Sri Petaling, 57000 Kuala Lumpur, Malaysia.
　　　　　　電話：(603) 90578822　傳真：(603) 90576622

封 面 設 計／江孟達工作室
版 面 設 計／林曉涵
內 頁 排 版／林曉涵
印　　　刷／中原造像股份有限公司
經 銷 商／聯合發行股份有限公司
　　　　　　新北市231新店區寶橋路235巷6弄6號2樓　電話：(02) 2917-8022　傳真：(02)2911-0053

■ 2017 年 11 月 7 日　　　　　　　　　　　　　　　　　　　Printed in Taiwan
定價 350 元

城邦讀書花園
www.cite.com.tw

請沿虛線對摺，謝謝！

書號：**BU1029**　　　書名：心智圖法的生活應用　　　編碼：

 商周出版

讀者回函卡

★ 感謝您購買《心智圖法的生活應用》，凡於 2018/1/15 前填妥此回函寄回（郵戳為憑，傳真或影印無效），就有機會抽中孫易新心智圖法培訓機構與想享學數位學習平台合作開設的【頂尖思考術：你也可以成為職場精英】系列課程（市價 5,000 元，共 10 堂課，課程總長 8.5 小時）10 名。 線上課程大綱搶先看：https://goo.gl/eAqwvH

※ 得獎者於想享學平台使用 G+ 或 email 認證方式免費註冊會員，觀看課程權限開通後，即可於平台營運期間不限制次數與觀看期限閱覽課程，進行線上學習。

★ 請填入真實姓名、電話、地址、E-Mail（必填）以利抽獎公布與通知。得獎名單將於 2018/1/31 公布在商周出版部落格（http://bwp25007008.pixnet.net/blog）與 Facebook 粉絲團。

★ 確認獲獎名單會同步公布於浩域企業管理顧問股份有限公司，可上網查詢 www.MindMapping.com.tw 或「孫易新心智圖法」Facebook 粉絲團。

（獲獎者未於想享學平台註冊會員領取本課程做為獎品，即視同放棄。）

不定期好禮相贈！
立即加入：商周出版
Facebook 粉絲團

姓名：＿＿＿＿＿＿＿＿＿＿＿＿＿＿＿＿＿＿ 性別：□男 □女

生日：西元＿＿＿＿＿＿年＿＿＿＿＿＿月＿＿＿＿＿＿日

地址：＿＿＿＿＿＿＿＿＿＿＿＿＿＿＿＿＿＿＿＿＿＿＿＿

聯絡電話：＿＿＿＿＿＿＿＿＿＿ 傳真：＿＿＿＿＿＿＿＿＿＿

E-mail：＿＿＿＿＿＿＿＿＿＿＿＿＿＿＿＿＿＿（必填）

學歷：□ 1. 小學 □ 2. 國中 □ 3. 高中 □ 4. 大學 □ 5. 研究所以上

職業：□ 1. 學生 □ 2. 軍公教 □ 3. 服務 □ 4. 金融 □ 5. 製造 □ 6. 資訊
　　　□ 7. 傳播 □ 8. 自由業 □ 9. 農漁牧 □ 10. 家管 □ 11. 退休
　　　□ 12. 其他＿＿＿＿＿＿＿＿＿＿

您從何種方式得知本書消息？
　　　□ 1. 書店 □ 2. 網路 □ 3. 報紙 □ 4. 雜誌 □ 5. 廣播 □ 6. 電視
　　　□ 7. 親友推薦 □ 8. 其他＿＿＿＿＿＿

您通常以何種方式購書？
　　　□ 1. 書店 □ 2. 網路 □ 3. 傳真訂購 □ 4. 郵局劃撥 □ 5. 其他＿＿＿＿

您喜歡閱讀那些類別的書籍？
　　　□ 1. 財經商業 □ 2. 自然科學 □ 3. 歷史 □ 4. 法律 □ 5. 文學
　　　□ 6. 休閒旅遊 □ 7. 小說 □ 8. 人物傳記 □ 9. 生活、勵志 □ 10. 其他

對我們的建議：＿＿＿＿＿＿＿＿＿＿＿＿＿＿＿＿＿＿＿＿＿＿
　　　　　　　＿＿＿＿＿＿＿＿＿＿＿＿＿＿＿＿＿＿＿＿＿＿
　　　　　　　＿＿＿＿＿＿＿＿＿＿＿＿＿＿＿＿＿＿＿＿＿＿

【為提供訂購、行銷、客戶管理或其他合於營業登記項目或章程所定業務之目的，城邦出版人集團（即英屬蓋曼群島商家庭傳媒（股）公司城邦分公司、城邦文化事業（股）公司），於本集團之營運期間及地區內，將以電郵、傳真、電話、簡訊、郵寄或其他公告方式利用您提供之資料（資料類別：C001、C002、C003、C011 等）。利用對象除本集團外，亦可能包括相關服務的協力機構。如您有依個資法第三條或其他需服務之處，得致電本公司客服中心電話 02-25007718 請求協助。相關資料如為非必要項目，不提供亦不影響您的權益。】
1.C001 辨識個人者：如消費者之姓名、地址、電話、電子郵件等資訊。　2.C002 辨識財務者：如信用卡或轉帳帳戶資訊。
3.C003 政府資料中之辨識者：如身分證字號或護照號碼（外國人）。　4.C011 個人描述：如性別、國籍、出生年月日。